おいしい琵琶湖八珍

文化としての湖魚食

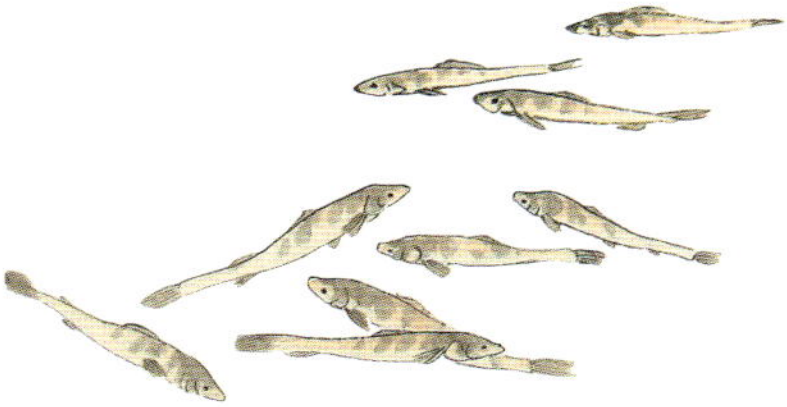

滋賀県ミュージアム活性化推進委員会 編

「琵琶湖八珍」を提案します

魚と言えば、海の魚を思い浮かべる人が多い昨今ですが、「一人でも多くの人たちが琵琶湖の淡水魚を食べ、この魚たちが泳ぐ琵琶湖にも思いを馳せて貰いたい」との想いから、「琵琶湖八珍」を提案します。

世界三大珍味、中国の八珍、宍道湖七珍の琵琶湖版で、琵琶湖を代表する食材魚八種類を選びました。八珍魚は、琵琶湖の湖性が籠ったもの、琵琶湖でしか味わえないものを、中心に選んでいるため、一般にはなじみ深い淡水魚であるウナギ、コイ、シジミ、アユは除外しました。なぜなら、これらの魚は、県外から運ばれたり、或いは養殖されたものも多く出回っているからです。

そこで、琵琶湖の固有種を中心に選ぶことにしました。琵琶湖八珍の魚は次の八種類です。

フナズシ

ヒウオの造りわさび醤油

ビワマス
コアユ
ニゴロブナ
ハス
ホンモロコ
イサザ
ビワヨシノボリ〈うろり〉
スジエビ

これらの食材が家庭はもちろんのこと、飲食店やホテル、旅館などでも活用して貰い、さらには琵琶湖ブランドとして、観光振興に寄与することも目的としています。

琵琶湖八珍の生態やレシピとともに、湖魚食についての興味深い話をどうぞご堪能ください。

ビワマスのこけらズシ

イサザの飴煮

目次

コアユ山椒煮

フナズシナメロウ

ビワマスの照り焼き

ハスのナレズシ

凡例

・本書は二〇一四年三月二十三日に琵琶湖汽船株式会社「ビアンカ」船上で開催した「湖上フォーラム　誕生琵琶湖八珍」の講演記録集である。
・本書の作成にあたっては、フォーラムにご出講いただいた石毛直道・原田信男・大沼芳幸・篠原徹の各氏、及び滋賀県立安土城考古博物館、滋賀県立琵琶湖博物館のご協力を得た。
・内容は講演会の記録を意図が損なわれない程度に修正を加え、再現するとともに、新たに松田征也が魚の解説を、大沼芳幸が料理レシピを執筆した。
・掲載図版・写真については、巻末に一覧を記した。
・本書の編集は滋賀県ミュージアム活性化推進委員会が行った。

琵琶湖八珍

滋賀県立琵琶湖博物館
松田　征也

鯇魚

琵琶湖の魚が泳ぐ水は、私たちが飲んでいる水です。魚がすめないような水は、飲みたくはありません。魚が気持ちよく泳ぐ琵琶湖の水を、同じ生き物として飲みたい。そのためには、まず、琵琶湖に思いを寄せる必要があります。そのきっかけと行為。それは、琵琶湖の魚を食べることだと考えます。「美味しい魚を食べたいから、美味しい魚を育む琵琶湖に」。そのために、提案したのが「琵琶湖八珍」です。

ビワマス［鯇］

婚姻色の出た雄

琵琶湖固有亜種。体長30～60㎝のサケ科の魚である。近縁種のサツキマスに似ているが、頭部が丸く、眼径が大きいことや、体色が銀白色になると朱点がみられなくなるなどの違いから区別できる。

ビワマスの産卵期は10月～12月で、琵琶湖の流入河川に遡上する。成熟した雄は、鉤のように鼻がまがり精悍な顔つきとなる。また、体側には雌雄ともに、褐色地に薄紅色の雲状紋が美しい婚姻色をあらわす。この頃のビワマスは、雨が降ると遡上することから「アメノイオ」「アメノウオ」などと呼ばれている。産卵は河川の砂礫底で行われ、直径50㎝ほどの産卵床を雌が掘り産卵する。なお、産卵後しばらくして親魚は死亡する。卵は直径6㎜ほどの球形で、橙色や黄色をしており、受精後30日～40日でふ化する。ふ化した稚魚は河川内で成長する。この頃の稚魚の体側には、小判型のパーマークと呼ばれる楕円形の斑紋が6個ほど並び、鮮やかな朱点がみられる。5月～6月には体長7㎝ほどに成長し、降雨の増水により琵琶湖へと降下する。

冷水魚であるビワマスは、水

温の高い時期には表層付近に生息することができず、水深15～20mに形成される水温躍層下の、水温15℃以下のところにおもに生息する。湖内ではヨコエビの仲間やアユなどをおもに食べ、2～4年間過ごしたのち、成熟した個体から河川に遡上して産卵する。

　湖内ではコイトアミ（刺網）、エリ、ヤナなどのほか、最近では遊漁者による引縄釣（トローリング）などでも捕獲されている。

　ビワマスの漁獲量は多少の変動はあるが20～40トンで安定している。しかし、河川に設置された堰堤やダムなどの河川工作物により、遡上が阻害されるなどして産卵の障害となっている。また、産卵期の遡上個体を狙った密漁なども、保全上の脅威である。

サツキマス（上）とビワマス（下）

ふ化仔魚

Menu　**和・洋・中どんな料理にも合う万能の魚です。脂の乗った季節は「お造り」に。脂の落ちた季節は「アメノウオ御飯」に、四季折々に楽しめる魚です。世界のサケ科の魚の中で最も美味という評価もあります。**

ビワマスの造り

アメノウオ御飯

コアユ

コアユ【小香魚】

アユは体長15〜30㎝になるアユ科の魚である。北海道以南の本州、四国、九州に分布する。このうち、琵琶湖内に生息するアユは成長しても体長10㎝程度にしかならないため、コアユと呼ばれている。体は細長く、背鰭と尾鰭の中間に脂鰭があることでコイ科とは区別できる。

琵琶湖のアユの繁殖期は8月〜10月で、夏から秋に向い日長が短くなることが成熟のきっかけとなる。産卵期のアユは「さびアユ」と呼ばれ、体色は黒ずみ、触るとザラザラとしている。琵琶湖での産卵場所は湖岸や河口付近で、たくさんのさびアユが群れている様子を観察することができる。産み出された卵は水温にもよるが、2週間ほどでふ化し、稚魚は琵琶湖に入り湖内で成長する。この頃のアユの稚魚は体が透きとおり、厳冬の湖の中を泳ぐ氷の妖精のようにも思えることからか、漁師たちはこの稚魚を氷魚《ヒウオ》と呼ぶ。

早春の頃になるとアユの稚魚は接岸し、流入河川に遡上するものもいれば、湖内に残るものもいる。河川に上ったアユは石の表面に生えている付着藻類を食べて大きく成長するが、湖内に残ったアユは動物プランクトンをおもに食べることから、大きくならならない。これがコアユとされている。

大正2年に当時東京帝国大学の石川千代松博士により、コアユを河川に放流すると大きなアユに成長することが明らかにされ、その後琵琶湖のアユが全国各地の河川に放流されるようになった。

コアユは縄張り争いが激しいことから、友釣り用の種苗として釣り人たちに好まれている。

琵琶湖では追いさで漁、エリ、ヤナ、ヨツデアミ、コイトアミ、オキスクイなど多種多様な漁法で漁獲されている。

ヒウオ

追いさで漁

Menu　その地域での魚の価値と、漁法の数は比例するという法則がありますが、琵琶湖の場合はコアユが当てはまります。様々に利用されるコアユですが、琵琶湖でしか味わえないのが「氷魚」と呼ばれる、コアユの稚魚です。

ヒウオの釜揚げおろし和え

コアユの飴煮

ニゴロブナ

ニゴロブナ［似五郎鮒］

琵琶湖固有亜種。全長15〜35㎝のコイ科の魚である。琵琶湖にはゲンゴロウブナ、ギンブナ、そしてニゴロブナの3種類のフナ属の魚が生息する。その区別は慣れないと難しいが、円筒形の体型、頭が大きい、尾柄高が低い、下あごの部分が少し角張っているなどの特徴から他の2種と区別できる。

ふだんは琵琶湖沖合の底層に生息し、動物プランクトンや、ユスリカ幼虫などの底生動物を食べている。秋から冬にかけてはさらに深部に移動し、4〜6月になると産卵のため岸の近くに移動する。降雨後の増水時に、ヨシ帯や内湖などの水草帯、水田などに侵入して産卵する。受精卵は水温にもよるが約8日でふ化する。

漁師によれば産卵の最盛期には、たくさんのニゴロブナが接岸して水面が盛り上がり、島のようにみえることからウオジマと呼ぶとのことである。

湖内では、コイトアミ、エリ、網モンドリ、タツベなどで漁獲される。かつては大量に生息していたが、産卵場所となる琵琶湖沿岸部のヨシ帯の減少、ほ場整備による水田内への侵入阻害、オオクチバスやブルーギルなど外来魚による食害、産卵期の水位低下などにより生息数が減少している。漁獲量は1991年には104トンあったが、2000年には24トンに減少した。その後、稚魚の放流や水田を利用した稚魚の増殖などの対策が実施されるようになり、2012年には48トンに回復している。

ゲンゴロウブナ

ギンブナ

Menu

スシブナと呼ばれるように、フナズシの原料として親しまれているフナ。ただ、昔からそうなのかという確証はありません。煮てもおいしいフナですから「煮頃鮒」なのかもしれません。琵琶湖独特のお造りの「子まぶし」も棄てがたい味わいです。

フナズシ茶漬け

ニゴロブナの子まぶし

ハス

ハス［鰣］

琵琶湖と淀川、福井県の三方湖だけに分布する。生物地理学的に興味深い魚であるが、三方湖では、最近生息が確認されておらず絶滅が心配されている。体長20～30㎝のコイ科の魚で、体は細長く側扁している。体側と腹側は銀白色で、臀鰭《シリビレ》が大きく張り出しているのが特徴的である。

日本に生息するコイ科では唯一の魚食性で、稚魚期には動物プランクトンを食べるが、成長するに従いアユやヨシノボリ類、コイ科の小魚などを捕食する。

コイ科は喉の奥に咽頭歯と呼ばれる歯があるが、口には歯がないため、魚を捕らえても引っかかりがなく逃げられてしまう。ところがハスの口は「へ」の字型に曲がり、捕らえた魚を逃がしにくい構造となっている。

ふだんは湖内に生息しているが、産卵期の晩春から初夏になると湖岸や流入河川に移動し、流れの緩やかな砂礫底などで産卵する。この頃の雄は頭部や腹部、各鰭に淡い赤みを帯びた婚姻色を現し、頭部や臀鰭には追星と呼ばれる、白くて硬い粒状の突起がみられる。

驚くと水面から勢いよく飛び

出てくることがあり、湖上を船で走っていると船の中に飛び込んでくることもある。水槽内の飼育個体では、少しの物音に驚いて飛び出すことがあるので注意が必要である。

琵琶湖ではヤナ、投網、コイトアミ、投げ刺し網などで漁獲されている。

流れの緩やかな砂礫底で産卵する

Menu　湖東方面では夏の味覚として親しまれてきた魚です。臭みのない、淡泊な白身は上品ささえ感じさせます。難点は小骨の多さで、このため敬遠されることが多いのも事実。しかし、丁寧に骨切りさえすれば、とても美味しくいただけます。

ハスの塩焼き

ハスの魚田

ホンモロコ［本諸子］

ホンモロコ

琵琶湖固有種。体長10〜13㎝のコイ科の魚である。近縁種のタモロコに似ているが、体は細長くスマートで、体側にある暗色の縦帯が側線よりも下にほとんどなく、1対の口ヒゲが短いことなどで区別できる。

ふだんは琵琶湖の沖合に生息し、動物プランクトンをおもに食べている。水温が下がる冬季には、沖合の深所で越冬する。1983年12月に高島市の沖合の沖曳網で192尾ものビワコオオナマズが捕獲されたことがあるが、その際捕獲されたビワコオオナマズはホンモロコを多数食べていたことからも、冬季に沖合の深部に群れでいることが推測できる。

滋賀県内には、タモロコ、スゴモロコ、デメモロコ、イトモロコ、カワバタモロコ、そしてホンモロコの6種がモロコという名を持っているが、その中で最も美味しいとされることからホンモロコと名付けられたとする説もある。高級魚として取り扱われているため、鳥取県や埼玉県などでも養殖されるようになった。

産卵期は3月〜7月で、琵琶湖の沖合から湖岸に群れをなして接岸し、1尾の雌に数尾の雄が追尾して、水生植物帯などで産卵する。湖岸に露出した柳の根に好んで産卵することから、この習性を利用して茎の入り口に柳の根を取り付けて、産卵のために来遊したものを捕獲するモロコウエと呼ばれる漁具もある。

エリ、コイトアミ(刺網)、沖曳網などでも漁獲されているが、年々漁獲量が減少し、1994年には245トンあった漁獲量が、2012年には14トンにまで減少している。

水揚げされたホンモロコ

タモロコ

Menu　淡泊ながらもこくのある味わい。特に子持ちモロコの素焼きは、いくらでも食べられる春の味覚です。近年養殖も盛んになり、入手しやすくなってきましたが、やはり天然のモロコが最高。コイ科の魚の中で最も美味とも言われています。

ホンモロコの素焼き

ホンモロコの南蛮漬け

イサザ

イサザ［鯋］

琵琶湖水系固有種。体長7～8㎝のハゼ科の魚である。成魚は琵琶湖北湖の沖合に生息し、日中は水深30ｍ以深の湖底部にいるが、夜間は餌となるヨコエビの仲間や動物プランクトンが集まる水面近くに移動する。琵琶湖の水深30ｍ以深は、年間を通じて水温が10℃以下であるが、夏の水面近くは水温が30℃付近にまで上昇する。夏のイサザは1日のうちに20℃近い温度差を経験することになるが、夏から冬へと季節が移り変わると水温差はしだいに小さくなる。イサザは温度差が小さくなることで成熟することが知られていて、琵琶湖の環境にうまく適応した魚といえる。

　沖合でくらしていたイサザは、3月頃から礫の多い湖岸に接岸するようになり、水温が上昇する4月中頃になると、雄は適当な大きさの石の下に巣をつくり、雌を誘って産卵する。産卵後、雌はいなくなってしまうが、雄は残って卵の世話をする。卵は1週間ほどでふ化し、ふ化した仔魚は流されて沖合へと移動する。イサザは短期間に集中して繁殖するため、5月中頃になると湖岸からイサザの姿は消えてしまう。寿命はおおむね2年であるが、1年で成熟して産卵後死亡するものもいる。

沖曳網と呼ばれる船で曳く底曳網で漁獲される。漁獲量は1986年には500トンを超えていたが、1993年には3トンにまで激減している。その後2000年には74トンにまで回復したが、2012年には再び2トンにまで減少している。

かつての水揚げの様子

卵を守るイサザ

Menu　琵琶湖の冬の味覚。野菜と煮込んだジュンジュンや柳川鍋は、冷えた体を温めてくれる逸品。頭の骨が口に当たると敬遠されることもありますが、唐揚げにし、そのまま食べたり、加工したりすると全然気にならなくなります。

イサザのジュンジュン

イサザの唐揚げ

ビワヨシノボリ【琵琶葦登】

ビワヨシノボリの雄

琵琶湖固有種。体長2〜3・5㎝のハゼ科ヨシノボリ属の魚である。滋賀県には、ビワヨシノボリ、トウヨシノボリ*、カワヨシノボリ、そしてイサザとウキゴリ、最後に日本国内の他の地域から持ち込まれたヌマチチブの6種のハゼ科の魚が生息する。

ビワヨシノボリは、その中で最近になって新種報告された種で、長い間トウヨシノボリと区別されてこなかった。

ビワヨシノボリはトウヨシノボリと比較すると、雄では第1背びれが伸長しないこと、尾柄部に橙色斑が無いこと、成熟すると第2背びれが後方に伸長するなどの形態の違いにより区別できる。

生態的には、夏の繁殖期には湖岸の浅瀬に接岸し、それ以外は琵琶湖の沖合に生息するとされているが、生態については解明されていない部分が多い。

琵琶湖では沖曳網でハゼ科の稚魚が漁獲されている。これをウロリと呼んでいるが、この中にはビワヨシノボリ、トウヨシノボリ、ヌマチチブなどが混ざっている。

＊２０１３年に出版された図鑑ではトウヨシノボリの分類が細分化され、琵琶湖とその流入河川に生息するものはオウミヨシノボリと考えられるが、ここでは１９８９年に出版された「日本の淡水魚」山と渓谷社にしたがいトウヨシノボリとしている。

水揚げされたウロリ

トウヨシノボリ

Menu

琵琶湖の夏の味覚。主に利用するのは、ウロリとよばれる稚魚。わずか数ミリの微細な魚を捕る漁法があること自体が驚きです。小さく、柔らかな魚体ですので、水揚げしてすぐに加工しないと溶けてしまうやっかいな魚です。しかし、琵琶湖でしか味わえない味覚でもあります。

ウロリの醤油煮

ウロリの釜揚げ三杯酢

スジエビ

スジエビ【条蝦】

北海道から本州・四国・九州・琉球列島などほぼ日本全国に分布する。体長は雄35㎜、雌50㎜ほどの、純淡水域に生息するテナガエビ科のエビである。

滋賀県内に生息するテナガエビ科のエビは、スジエビとテナガエビの2種であるが、テナガエビは大正6～8年に霞ヶ浦から移植されたとされている。

スジエビは第2胸脚が短く、目と目の間から突き出ている額角と呼ばれる部分のギザギザが少ないことや、腹節のちょうど曲がっているあたりに黒いスジ模様が入っていることなどでテナガエビと区別できる。

雑食性で、水槽内に生えた藻類を食べて掃除をしてくれるので重宝する反面、魚を襲って鰭をボロボロにしたりもする。また、同じ水槽にスジエビを複数飼育すると、共食いにより減ってしまう。

繁殖期は6月～7月で、雌は腹脚に100～300個の卵をふ化するまで抱えている。ふ化した幼生は親とは異なる形態をしているが、しばらくプランクトン生活を送り、何回か脱皮を繰り返したのち親と同じ形態になる。

1990年頃から琵琶湖南湖で増加したオオクチバスの食性調査をしたところ、胃の中からたくさんのスジエビが出てきた。オオクチバスが増加する以前は、夜に懐中電灯で湖の中を照らすと、たくさんのスジエビの目が赤く光っていたが、最近ではみることができなくなった。

琵琶湖では沖曳網やエリ、エビタツベなどで漁獲されている。食用のほか海釣り用の餌としても利用されている。

抱卵したスジエビの雌

テナガエビ

Menu　比較的安定した漁獲量のある魚。琵琶湖八珍唯一の在来種ですが、近江人が愛してやまない「エビ豆」の材料となることから琵琶湖八珍に。煮物、揚げ物など幅広い料理に使われる万能素材です。近年はエビ煎餅も人気。

スジエビの掻き揚げ

エビ豆

アユご飯

コアユの天ぷら

ニゴロブナの煮付け

ハスのフライ

ビワマスの煮付け

ホンモロコの魚田

Recipe　琵琶湖八珍を使った料理レシピ

アメノウオ御飯 P.9

産卵を控え、身から脂が落ちかけたビワマスを美味しく食べるための料理。かつては大釜で丸ごと炊いた。

❶ビワマスは頭と内臓を取り、切り身にする。卵があればとっておき、炊くときに加える。
❷米をとぎ、ざるにあげて水切りをする。
❸昆布だしを適宜
❹釜に米、ビワマス、好みで油揚げ、野菜少々（無くても構わない）、昆布だしを入れ、醤油、みりんで好みの味にして炊き上げる。
❺炊きあがったら少し蒸らし、魚の骨を抜きながら、御飯と具をかき混ぜる。

☞応用編　はらわたを抜いたアユ御飯

ビワマス焼き物３種 P.5

ビワマスは、癖がないため、様々な調味料につけ込んで焼き物にして賞味できる。ただ、脂分が多いので、焦げ付かないように遠火で焼くことがこつ。

1. 塩焼き……塩を振り20～30分なじませて焼く。
2. 漬け焼き……醤油、みりんで好みの味にした調味液に切り身を漬ける。漬ける時間は好みに応じて。
3. 柚子庵漬け……切り身をガーゼで包み、柚子味噌に漬ける。

☞応用編　イワトコナマズの付け焼き

コアユの天ぷら P.24

琵琶湖の初夏の味覚。はらわたの苦みが食欲をそそる。新鮮なコアユを用い、熱々の内に食べるのが最高。

❶コアユを洗い、水気を切る。
❷好みで下味を付ける。
❸軽く小麦粉もしくは片栗粉を振る。
❹鶏卵と小麦粉を混ぜたゆるめの衣をまぶし、170℃前後の油でからっと揚げる。

☞応用編　モロコ類・オイカワ・ハスゴ等の小魚

ヒウオの釜揚げ P.11

コアユの稚魚がヒウオ。これを大量に漁獲し、食べる、琵琶湖ならではの贅沢な料理。ヒウオを味わうには釜揚げが一番。釜揚げをそのまま食べても良いし、三杯酢をかけて食べても旨い。

❶ヒウオを薄い塩水で洗い、ザルにあげ水気を切る。
❷なるべく大きな鍋にたっぷりの水を張り、やや濃いめの塩を入れ、沸騰させる。
❸沸騰した塩水に、ヒウオをバラバラっと入れ、色が変わったら、ザルで掬い、キッチンペーパーなどの上に広げて、手早くさます。
❹これを繰り返す（一度に多量のヒウオをゆでるとベタッとしてしまう）。

☞応用編　ビワヨシノボリ（ウロリ）

フナズシ茶漬け P.13

フナズシはスライスしてそのまま食べることが多いが、お茶漬けも棄てがたい味がある。

酸味のある独特の味わいが、食欲をそそる。

❶フナズシの切り身を熱々の御飯に載せて、熱い番茶を注ぐ。
❷好みで刻み海苔を載せても良い。
❸これも好みで醤油を少量垂らして食べるのも良い。

☞**応用編　フナズシのお吸い物　フナズシの切り身と刻みネギを入れた椀に熱湯を注ぎ、醤油で味を調える。**

宝和え（フナズシナメロウ） P.4

最近はやりつつあるフナズシ料理。フナズシの頭や尾、それとフナズシを浸けた飯を無駄なく食べる工夫から生まれた。

❶フナズシの頭・尾を細かく刻む。
❷これにフナズシを浸けた飯を併せて共に叩く。
❸さらに、好みの食材を混ぜて叩き、ペースト状にする。
　加えて美味しい食材（大葉・山葵・野蒜・海苔・プロセスチーズ・マヨネーズ等）

☞**応用編　スライスしたトマトやキュウリに載せ、カナッペとして食べる。**

フナの子まぶし P.13

フナのお造りにフナの魚卵を和えた、琵琶湖独特の生食。魚卵のオレンジ色が鮮やかで、春の華やぎを感じさせる。

❶フナを三枚におろし、そぎ切りにする。
❷氷水にとって洗いにしても良い。
❸フナの魚卵を取り出し、薄皮を外し、塩水で茹でる。
❹茹でた魚卵をザルに取り、広げて皮を丁寧に取り、布巾にくるみ、熱湯の中で揺する。
❺適宜茹でたら、きつく絞り、広げてさまし、先に造った切り身にまぶす。

☞**応用編　ゲンゴロウブナ・コイ**

ハスの塩焼き P.15

夏の味覚である。白身で淡泊、上品な味わいの魚であるが、小骨が多いので、美味しく頂くためには、骨切りの下処理が欠かせない。しかし、苦労した甲斐のある味わいが待っている。

❶ハスの鱗を引き、はらわたを抜く。見た目をよくする場合には、面倒でも壺抜きをする。
❷魚体の両側に包丁を浅く入れて、骨切りする。
❸好みの味に塩を振り、20分～30分なじませる（好み、状況に応じて、すぐ焼いても良い）。
❹遠火の強火で、表面を乾かすようにじっくりと焼く。

☞**応用編　ウグイ**

ハスのフライ P.24

淡泊な身なので、油物にもよく合う。熱々のフライは、とても淡水魚とは思えない旨さがある。

❶大型のハスを三枚におろし、皮を引く。
❷溶いた鶏卵にくぐらせ、パン粉をまぶし、180℃ほどの油で、こんがり、カリッと揚げる。

☞応用編　ビワマス・アユ・ナマズ類

ホンモロコの素焼き P.17

琵琶湖を代表する料理。単純であるが故に、魚本来の旨さを味わうことが出来る。酢味噌で食べることが多いが、魚のうまみを味わうのであれば、生姜醤油が好ましい。

❶モロコを洗い、水気を切る。
❷炭火の遠火の強火で、ゆっくりと炙る。
❸網で一匹一匹焼く場合、数匹を串に刺して焼く場合がある。
❹熱々を頭ごと食べる。

☞応用編　焼きながら、醤油、味醂ベースのたれを塗り、焦げないように焼く付け焼き。スゴモロコ・コアユ・ヒガイ・オイカワ。

ホンモロコの魚田 P.24

素焼きのモロコに、甘味噌を塗って焼く、見た目にもきれいな料理。湖東の行事食として伝えられてきた。

❶鍋に白味噌、甘味料を入れ、鶏卵でのばしながら、低温でゆっくりと煮る。焦がさないように注意。
❷モロコは串に刺し、白焼きする。
❸焼けたモロコの表面に、①の味噌を塗り、味噌の表面が乾き、焦げる直前の状態まで焼く。
❹熱いうちに串を抜き取る。

☞応用編　ハス

ホンモロコの南蛮漬け P.17

琵琶湖の小魚は、三杯酢に漬けた料理が良く合う。その筆頭がホンモロコの南蛮漬け。子持ちの春モロコ、油の程よく乗った秋モロコ。どれも良く合う。

❶酢・醤油・味醂・出汁を好みに合わせて三杯酢を造る。モロコの味を生かすために、薄味が好ましい。
❷洗ったモロコの水を切る。
❸下味は付けずに、薄く小麦粉若しくは片栗粉をまぶす。
❹170℃ぐらいの油でじっくり揚げる。
❺揚げたてのモロコを三杯酢に漬け、暫く味をなじませる。

☞応用編　コアユ・イサザ・ヒガイ
☞応用編料理　小魚を素焼きにして、三杯酢に漬ける

イサザのジュンジュン ……… P.19

近江ではすき焼きをジュンジュンと呼ぶが、味付けは様々で、出汁をたっぷり張った寄せ鍋風から、割り下で甘辛く炊く、いわゆるすき焼きまで全てジュンジュン。イサザの場合は、寄せ鍋風に炊くことが多い。

❶イサザはよく洗い、水気を切っておく。
❷浅い鍋に、昆布を中心とした出汁を張り、醤油、味醂で味を調え、季節の野菜、油揚げ、豆腐など好みの具材を入れて煮く。
❸具材が煮え上がった頃を見計らって、イサザを入れる。
❹具を食べ終わったら、順次追加。

☞応用編　ウナギ・コイ・ナマズ・ビワマス・ヒウオ

イサザの唐揚げ ……… P.19

イサザは大変美味しい魚だが、ハゼ科の魚独特の顔つき（頭が大きくえらが張っている）なので、この部分が固く、口に当たる。ところが、唐揚げにすると、骨がショリショリして、美味しく食べることができる。

❶イサザをよく洗い、水気を切る。
❷好みにより塩味、醤油ベース味、カレー味等の下味を付ける。
❸小麦粉若しくは片栗粉をまぶし、170℃前後の油でじっくりと揚げる。
❹このまま熱々を食べるのも良いが、ジュンジュンや、柳川鍋に入れても旨い。

☞応用編　コアユ・モロコ類・ゴリ類・オイカワ・ハスゴ・ヒガイ

ウロリの釜揚げ ……… P.21

ウロリは、琵琶湖の夏の味覚。微細で透明な魚体は、チリメンジャコにそっくり。ウロリの味を味わうならば、単純な釜揚げが一番。

❶ヒウオの釜揚げに準じて、ウロリを茹でるが、団子になりやすいので、少しずつパラパラと湯の中に入れる。
❷ホンモロコ南蛮漬けに準じた三杯酢を作り、釜揚げしたウロリにかける。

☞応用編　ヒウオ

ウロリのお吸い物

微細なウロリは、骨を全く感じないため、お吸い物の具に適している。また、琵琶湖以外に生のウロリは流通しないので、夏の琵琶湖でしか味わえない味覚である。

❶通常のお吸い物に準じてベースを作る。
❷好みに応じて具材を少量入れる。（溶き卵を放っても良い）
❸沸騰する手前の状態に、生のウロリを少しずつ放つ。

☞応用編　ヒウオ

エビ豆 P.23

フナズシと共に、近江の人がこよなく愛する食がエビ豆。湖岸部ではエビが多く、奥に入るにしたがい豆が多くなる傾向がある。大豆と湖魚のコラボは、琵琶湖の食文化の大きな特徴でもある。

❶大豆を一晩水に漬け、指で潰れるくらいの堅さに茹でる（好みに応じて堅さは加減）
❷鍋に醤油・甘味料・酒を好みの分量で入れ煮たたせる。
❸煮立った調味液に水を切ったスジエビを入れる。
❹エビの色が変わったら、①の大豆を入れ、沸騰したら火を落とし、煮汁が無くなるまで煮詰める。エビと大豆を別々に炊き、後で混ぜ合わせるところもある。
❺途中で味醂を加え、照りを付ける場合もある。

☞**応用編**　**大根と炊き合わせるとエビ大根**
☞**応用編**　イサザ、ヒウオ、ウロリ、シジミなどの小魚も大豆と炊く。

スジエビの掻き揚げ P.23

スジエビの殻は柔らかく、そのまま食べる事ができる。しかし、甲殻類共通の香ばしさと旨味もあり、この持ち味を生かす料理が揚げ物。

❶スジエビを良く洗い、水をよく切っておく。
❷好みにより、人参、カボチャなどの細切りを用意する。
❸スジエビを含めた具材に、軽く小麦粉若しくは片栗粉を振る。
❹小麦粉、鶏卵を溶いて、ゆるめの衣を作り、具材を入れて軽く混ぜる。
❺へら状の道具で具を掬い、170℃前後の油の中に滑り込ませ、カリッと揚げる。

☞**応用編**　**ヒウオ、ウロリ、イサザも同様に掻き揚げの材料となる。ミックスしても可。**

魚の佃煮各種 P.3.4.11.21

琵琶湖の小魚を醤油と甘味料で煮詰めた料理が多くあり、さまざまな名前で呼ばれているが、ここでは「佃煮」という名前で紹介する。

［基本］
❶魚はよく水を切っておく。
❷醤油、甘味料、酒をベースとした調味液をつくる（味はお好みで）
❸調味液を沸騰させる。
❹沸騰させた液に、魚を少量ずつ落とし、再度沸騰したら火をゆるめ、落としぶたなどをして煮汁が無くなるまで煮詰める。
❺仕上げに味醂で照りを付ける。

［主食材］
コアユ・ヒウオ・モロコ類・イサザ・ヒガイ・コブナ・ハスゴ・ボテジャコ・雑魚・スジエビ・シジミ・イシガイ等貝類

［添加食材］
・仕上げに生姜の千切りを入れる……生姜煮
・仕上げに実山椒を入れる……山椒煮・有馬煮
・仕上げに葉山椒を入れる……山椒煮・有馬煮
・梅干しと一緒に煮る……甘辛煮
・仕上げに水飴を入れる……飴煮
・甘味料を味醂だけにする……味醂煮
・多めの調味液であっさりと煮る……若煮・あっさり煮

ナレズシの起源と日本への伝播

国立民族学博物館名誉教授　石毛　直道

紅葉舘

皆さん、こんにちは。

今日は滋賀県知事までおいでになって、大変光栄に思っています。時間も限られていることなので、もう前置きなしで本題に入ろうと思います。

ここにお集まりの方は滋賀県民の方が多いと思いますので、フナズシのつくり方はご存じだと思いますが、念のためにちょっと申し上げましょう。

フナズシの漬け方

いま商品として売り出されているのはニゴロブナが多いですが、そのほかにゲンゴロウブナも使われており、四月になりますと産卵のため、フナの群れが琵琶湖の岸の近くに近づいてきます。

そのとき漁獲しまして、ウロコと内臓を取り出します。卵はそのまま置いて取り出しません。そしてフナのはらの中に塩を詰めて、周りにも塩を塗って、スシ桶の中に塩をたくさん入れて、その中にフナを入れ、また塩を入れて、塩とフナがサンドイッチになったような状態にして、それで落としぶたをして、重しを乗せます。そうすると水が上がってきますが、その水を取らずに、つまり空気と触れないようにして置いておくわけです。

それで七月、土用のころになったらフナを取り出して洗って、塩抜きをします。そして今度はちょっと硬めに炊いた普通のうるち米のご飯をスシ桶に敷いて、内蔵にご飯を詰めたフナを

並べ、また今度はご飯を置くというふうにサンドイッチ状にしたものに重しをして、張り水をします。こうして空気から遮断して、長い間置いておくわけです。そうすると乳酸発酵します。それで酸っぱい味のフナにするわけです。

小さいフナだったら十月ぐらいに食べられますが、だいたいがお正月の前後になったら、ちょうど食べごろになってくる。もっとも一キロもあるような大きなフナですと、フナズシになるまで二年間ぐらい漬けたりすることもあります。

私はもともと関東の育ちの人間で学生時代に京都へ来たわけですが、学生時代はフナズシなんて食べる機会がなかったです。その頃すでに、どちらかといえば上等な食いものとなっていました。

ある関東の友達が上方へ来たときに、駅でフナズシを売っていたのをみてフナを使ったのり巻きずしか、にぎりずしだと思ったわけです。

それで買ってみたら、何かどろどろの変なものが出てきて、すごく匂いがして、これは腐っていると思って捨てちゃったという話もあります。フナズシは発酵によって大変匂いが出ます。フナズシを知らない人は、その匂いに大変抵抗感があるようです。

家庭でできるフナズシ漬け

ウロコを引き、内臓だけを抜きとる技術のいる作業。この後大量の塩で漬け込む（塩きり）の状態だと２～３年でも腐らずに保存できる。滋賀県では塩切りブナを販売している漁連や魚屋もある。

塩抜きしながら、体表のぬめり、残った鱗、エラ、頭のなかの汚れなどをタワシや手で綺麗に洗い落とす。この作業を怠ると雑味の多いフナズシになる。

約２時間、風通しの良いところに吊って表面を乾かす。

硬めに炊いた御飯（フナ５kgに対して米３升５合）をフナのお腹のなかに詰め込む。詰め込みすぎると卵がおしりの方に固まるので、加減が大切。エラ蓋のなかはできるだけ多く御飯を詰めると頭骨が柔らかくなる。

ポリの漬物樽に丈夫なビニール袋を２～３枚重ねて入れ、御飯を敷き、その上にフナ同士が重ならないように一段並べる。その上に御飯、フナと重ね、最後に御飯を敷く。御飯にも塩をまぶして漬ける家庭、手水に日本酒を使用する方法などさまざまある。

ビニール袋を固く絞り、なかの空気を完全に追い出し（御飯とフナを真空状態にする）、重石（フナの重さの約二倍）をかける。

本来は桶に水を張って真空状態にして漬けるのだが、水替えが大変で、臭いもきついこと、置き場所の問題などから、家庭ではビニール袋での水無し方法が普及している。

フナズシの匂いはチーズと似ている

発酵食品というのは、いろんな個性のある匂いがするものが多いのです。魚でいえば、関東にクサヤの干物*というのがあります。あれを焼いて食べるのが、関東人にとっては酒の上等なおつまみとして、もてはやされていますが、焼くときに食べ慣れない者にとっては悪臭といわれる匂いがします。

関東人はフナズシを食べ慣れないから、最初に食べるときに、フナズシの匂いを「どうもこれはおかしいんじゃないか、腐っているんじゃないか」と思ったりするわけです。

私は昔、国際交流基金から頼まれて、ヨーロッパの各地で日本の食文化について講演したことがあります。そのときハンブルグで、すしについても少しお話ししました。

私の主義として食べものの話というのは、しゃべったり、あるいはパワーポイントみたいなものを見るだけでは、「絵に描いた餅」なわけで、食べものを理解するというのは口にしないといけない。その体験が一番大切だと思っています。

そこで日本の食文化の講演をヨーロッパでするときも、私の親しい友達の奥村彪生《あやお》さん**に

---

*開きにしたムロアジやトビウオなどの魚をクサヤ汁に漬けた後、水洗いして干物にしたもの。伊豆諸島の名産。

**伝承料理研究家、食文化研究家。ＮＨＫの「きょうの料理」でもお馴染みで、物腰のやわらかなお話でファンも多い。

付き添ってもらい、私の講演で出てくる食べものを、聴衆の前でつくってもらいました。そして最後には試食会をしました。

そのときはにぎりずしやのり巻きずしをつくってもらったわけですが、琵琶湖のフナズシも持っていきまして、これがいま世界で大変はやっているすしの原型である、全部のすしはこれから出たんだと。その代わり、これはいま大変高いものですから、皆さん、一切れだけにしてくださいと言って、食べてもらいました。

そうしたら、ドイツ人たちが「うまい、うまい」と言うんですね。匂いはと言ったら、「いや、この匂いはゴルゴンゾーラ*と似ている」と。つまりあの癖のある匂いがするブルーチーズの一種と大変よく似ていると。だから全然抵抗感なしに食えるというのです。

滋賀大学の方々が、このフナズシの匂いの研究をしたことがあります。その論文を見ますと、確かにフナズシの匂いには、チーズの匂いに共通した成分がたくさんある。そういうことで、どうもチーズを食べ慣れている人は、あまり抵抗感がなかったわけです。

祭りの神饌としてのナレズシ

ところでフナズシと同じようなもの、これを私は「ナレズシ」と言いますが、それは例えば琵琶湖周辺でいったら、フナだけじゃなくて、アユだとか、ハス、ビワマス、それからオイカワなど、いろんな淡水魚を使ってつくるわけです。

琵琶湖の近くの神社のお祭りに出る神饌《しんせん》、神様にささげる食べものがありますね。これは神様にお供えして、それでお祭りの直会《なおらい》のとき参加した人々も一緒に食べる。神様と一緒にお供えものを食べるわけです。

琵琶湖周辺の神社のお祭りには、フナだけじゃなくて、いろんな淡水魚のナレズシが出ます。ちょっと変わったところでは栗東市です。栗東市の大橋にある三輪神社では、野洲川で捕れるナマズやドジョウのナレズシ**をつくります。私もこれは食べたことが何回かありますが、フナズシに比べてもちょっと癖があります。

どうして神社の祭りに、ナレズシが使われるのかと考えてみたら、肉を食べなかった伝統的な日本の食文化では、魚が一番のごちそうなわけです。そのごちそうを神様に、お祭りのときにささげる。

しかし天気の具合だとかで、お祭りのときに、そういった魚が捕れるかどうかわかりませんよね。そういうことで、保存食であるナレズシをつくって用意しておいて、それでお祭りの日に神様にささげるということになったんじゃないかと思います。

---

*世界三大ブルーチーズのひとつでアオカビを使って作られ、独特な匂いを放つ。
**9月当番家がドジョウ、切ったナマズ、飯、塩の他にタデの粉と茎も入れて漬け込む。神事は毎年5月3日。

平城京への献上物にみるナレズシ

古代から日本人は、ナレズシを食べていました。日本列島は海に囲まれていて、いろんな海の魚が捕れますから、古代から海の魚も、よくナレズシにして保存していたわけです。

奈良の都、平城京からいろんな木簡というものが出ます。木簡というのは昔、板切れを紙の代わりに使って、そこに文字を書いたものです。その木簡のなかに、いろんな国から大和の国の宮廷に献上品があります。そういった献上された食べものにつけられた、荷札の木簡がたくさん出ているんです。

平城京の木簡を見ると、アユのナレズシだとか、海の産物ではタイ、イガイ、アワビ、イワシ、アジ、サバなどのナレズシも出てきます。

平安時代の記録にはシカやイノシシのナレズシも出てくる。肉をナレズシにするということもあったわけで、必ずしも魚というわけではないんですが、やっぱりナレズシは魚が中心といえます。

すしの変遷

お配りした資料のなかには、平安時代の法律集のような『延喜式』に出てくるナレズシを書

『延喜式』のスシの種類

名　　　称	出現頻度
鮨	60
雑鮨	26
鮨鰒（鰒鮨、鰒鮨甘、甘鮨鰒）	14
雑魚鮨	13
鮨年魚（年魚鮨）	12
鮨鮒（鮒鮨）	9
貽貝鮨（貼貝鮨）	6（1）
鹿鮨	5
猪鮨	3
手網鮨	2
鮭鮨	2
冨耶交鮨	1
大鰯鮨	1
貝蛸鮨	1
阿米魚鮨	1
貽貝保夜交鮨	1
合　　　計	157（1）

（『延喜式』本文には、鮨、鮓の両方の文字が使用されているが、鮨が圧倒的におおいので、この表は鮨に統一してある）

いてあります。そうすると、なんといってもただ「鮨」という字で書いた、何の魚を使ったか分からないものが一番多いわけですが、そのほかにいろんなすしの種類が書いてあります。

　この「すし」というのは、魚偏に「旨」という字の「鮨」で統一していますが、実は「すし」というのはいろんな字があります。そこに「鮓」という字がありますが、これが日本の古い時代にはよく使われた文字です。中国でも使います。

　実はこれも略字で中国では昔だったら、「鮺」がもともとのすしという字だったようです。そして中国ではこの「鮨」という文字は、もともと塩辛でした。だけど中国もそのうちに、この「鮨」でナレズシを示すようになりました。

　日本では「寿司」という字がありますが、これは「寿」という字がおめでたいからということで、江戸時代からそういった字を使うようになったんですが、そうするともうナレズシじゃなくて、にぎりずしだとか、のり巻きだとか、ちらしずしに、その「寿司」が使われるようになったわけです。

「すし」とよぶのは、もともと酸っぱいという意味の「酸し」が日本語の「すし」という言葉の語源と考えられます。

日本で『延喜式』だとか木簡にも出てくるように、奈良・平安時代あたりは、ナレズシがずっと主流でして、すしといったらナレズシのことだったわけです。

室町時代になりますと生ナレズシと言って、魚に塩はしていますが、ご飯に漬ける時間を短くしちゃうんです。早い場合だと三日か四日。遅くても一カ月とか二カ月の間には全部食べてしまう。

そうすると、ご飯はまだどろどろにまで発酵していないわけです。酸味が出たか、出ないかぐらい。そうするとご飯の粒はちゃんとしていて、魚とご飯にちょっと酸味が付いているといった状態で食べるようです。

そうしたら、ナレズシのような重たいしっかりした味ではないけれど、ご飯と魚を一緒に食べることができる。つまりおかずとご飯が一緒になった食品。軽い軽食、スナックにもなるわけです。

十七世紀になりますと、そういったご飯が発酵して酸味が出るのを待つことをしないで、だったらご飯や魚に酢をかけたらいいじゃないかということになり、それで「はやずし」というのができてきます。

そうするともうご飯主体で、魚は少しでもいいということで五目ずしみたいなものができま

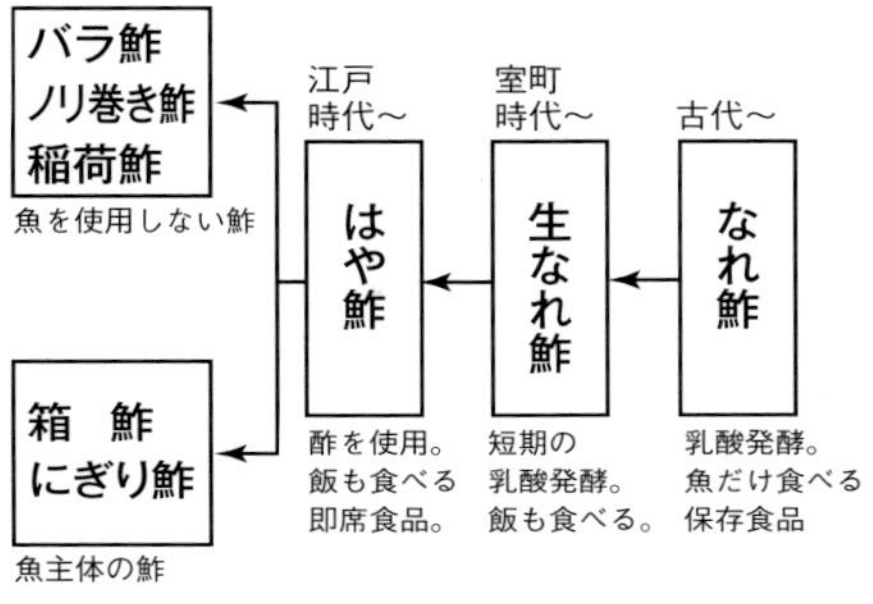

スシの変遷

すし、それから押しずしができます。そうすると魚を使わないおすしが出て、のり巻きだとか、いなりずしだとか、あるいは五目ずしの上に野菜を載せてつくったようなものも出てきているわけです。

十九世紀の前半、つまり明治維新の半世紀近く前になると、江戸の町で「にぎりずし」がはやることになります。にぎりずしになると保存食どころか、お客さんの顔を見てつくるファストフードになっちゃうわけです。

そうしますと、もともとは「すし」といったら「ナレズシ」だったのが、酢を使うすしが主流になると、ナレズシが珍しくなってきます。そうすると昔は「すし」といったらナレズシだったものを、それを区別するために、「ナレズシ」とわざわざ言わなくてはいけないようになったわけです。

さて、日本のすし、それから中国のすしについて研究した、篠《しの》田《だ》統《おさむ》さん*という大先生がおられます。篠田先生はすごい学者でして、若いころヨーロッパに留学されたんですが、語学は

*一八九九〜一九七八。京大理学部卒業。四八年から六五年まで大阪学芸大学教授。国立民族学博物館図書室には「篠田統文庫」として、氏の蔵書約七五〇〇冊が所蔵されている。主な著書として『すしの本』(一九六六年、柴田書店)、『中国食物記』(一九七四年、柴田書店)。

イタリア語から、オランダ語など、いろんなヨーロッパの言語ができる。初めは自然科学者で、いまでいったらはやりのバイオサイエンスというか、生化学の日本の草分けの学者で『酵素学』なんて本を戦前に出したりしました。

この人が中国で戦争に引っ張られて負傷します。そうすると戦争が終わって帰国しても、実験ができなくなってしまうわけです。それで今度は食物の歴史の研究に向かうわけです。中国語の達人ですし、古典の中国資料ももちろんよく読み込まれました。中国にも、いまはもうありませんが、ナレズシがありました。そういった歴史的な文書を読み砕き、中国と日本のすしの歴史研究の基礎をつくった方です。

ナレズシと塩辛は兄弟

篠田先生は、すしというものは、東南アジアの焼き畑稲作民がつくり出した食品ではないかという仮説を立てました。ところが篠田さんが研究なさったころは、まだ東南アジアの食についての研究がほとんどなかったころなんで、そういった説を出されたわけです。

私は食文化の研究をする前から篠田さんとは大変親しく、おうちへ遊びに行ったりしていた人間です。食文化研究を自分の仕事とするようになってから、篠田さんのやり残した東南アジアや朝鮮半島のナレズシや塩辛の実施調査をすることにしました。

塩辛とナレズシというのは兄弟みたいなものです。塩辛を長い間置いておくと、どんどん、

韓国の魚醤

どんどん塩辛の魚の肉がどろどろになって、液体状になる。その液体だけをこして集めたら、それが魚醤油《さかなじょうゆ》になります。

例えば秋田の「しょっつる」だとか、能登半島の「いしり」とか、あるいは「イカナゴ醤油」というのが瀬戸内にあったりしますが、そういった塩辛の類全部を総称して「魚醤《ぎょしょう》」と言います。

魚醤というと、魚醤油のことだと思う人がいるんですが、魚醤は「うおひしお」と昔は言って、塩辛類を全部総称していたわけです。ですから私の本でも「魚醤」という言葉を全部総称しています。

さて、そういった塩辛、塩辛つくりの途中にご飯を入れたら、今度はナレズシになるわけで。これはいってみたら、兄弟みたいな食品なわけです。

塩辛のうまみはグルタミン酸

塩辛系の食品について記録があるのは、日本と、中国と、それから朝鮮半島では、だいぶ時代が新しくなってから記録が出てくる。しかしながら私は、東南アジアを昔ちょっと回っていたとき気が付いたんですが、東南アジアの台所には塩辛系の食品がいくらでも常備品としてあるわけです。

ベトナムのニョクマムだとか、タイのナンプラーだけじゃなくて、塩辛そのものを東南アジアでは調味料に使うわけです。塩辛でものを煮たり炒めたりする、東南アジアの伝統的な調味料なのです。

ところが東南アジアの魚醤についての調査研究がなかったので、それならと私が調べることにしました。そこで東南アジア中を回って塩辛やナレズシのつくり方を調べてみると、これはたぶんアミノ酸を大量に含む食品だろうと考えられたので、各地で収集した魚醤やナレズシをアミノ酸分析では一番の味の素中央研究所で分析してもらいました。

そうしてわかったことが、塩辛系の食品は魚の種類は違い、つくる場所も違い、つくり方も技術として細かいところはそれぞれ違っているけど、分析してみると全ての塩辛系の食品に共通するのは、塩味がすることと、それから魚のタンパク質が分解してアミノ酸がたくさんあった。さらにアミノ酸のなかで一番多いのは、グルタミン酸だということがわかったのです。つまり塩味とうまみをもつ食品なのです。ナレズシを分析しても、同じようにグルタミン酸が結構あります。

中国では発酵促進に麹を使った

タイではナレズシをパーソムと言います。パーソムを日本語訳したら「酸っぱい魚」という意味で、そのまま食べたり、それからトウガラシを付けて、ご飯のおかずにしたりします。そのほかにナレズシを、日本ではちょっとやらない食べ方ですが、油で揚げて食べたりもします。

それからミンチのナレズシがあります。初めから魚を小さく切って、それを塩とご飯で漬け込む。そうすると料理にするとき、炒めものなんかにもしやすいですよね。それから大きな魚だと、切り身でナレズシにします。

タイのパーソム

タイに限らず、東南アジアの多くの地帯にナレズシがあります。ベトナム、カンボジア、ラオス、マレーシア、インドネシア、フィリピンでもナレズシがあります。それがナレズシの分布図です。

実は中国でも歴史的文献にナレズシが出てきます。後漢の時代からナレズシが現れます。困るのは、こういったナレズシのような食品は遺物として残らないので考古学的に証明することは困難で、文字に書かれていないとわからないわけです。

中国のナレズシは中国独自に発達して、ご飯を入れるだけではなくて、発酵を促進するために麹を入れこともしました。酒つくりに麹を使うことは中国に起源することからわかるように、中国は麹の使い方が発達していました。

日本でも後になりますと、日本海に沿った北陸では、ナレズシをつくるときに麹を入れることがあります。これは朝鮮半島から伝わってきたんだろうというのが篠田さんの説です。

中国では、ナレズシをつくるときに、ご飯と、麹と、お酒と香辛料を入れるようになりました。

麹のなかでも、紅麹という麹があります。これは赤い色をした麹なんですが、その麹を入れることによって、出来上がったナレズシを赤く染めることもなされました。

中国でナレズシを食べなくなった理由

しかしながら、中国では生で魚を食べるということは歴史があたらしくなるにつれ、なくなってきます。

最初は元の時代。これは遊牧民で魚を食べないモンゴル人が中国を支配したためですが、そのころからあまり魚を食べないようになるし、生魚を特に食べなくなります。

しかしながら、明の時代になると「なます」などの生魚料理も復活するけど、それからまたどんどん生の魚は食べないようになる。そうするとナレズシも食べないようになる。これが生の魚だけではなく、肉でも野菜でも、中国では時代が現代に近づくほど、中国料理というのは生ものを食べなくなります。

皆さん、中華料理で生ものを食べたことは、おそらくないんじゃないかと思います。中国の家庭でも現在ですと、生だったらトマトを食べるくらいのものです。生のトマトを切って、そこに日本だったら塩をかけますが、中国では砂糖をかけているんです。

そういったふうに、中国はどんどん生ものを食べなくなったので、生魚であるナレズシだとか、それから「なます」ですね。刺し身のようなものに酢だとか、いろんなものであえていた。

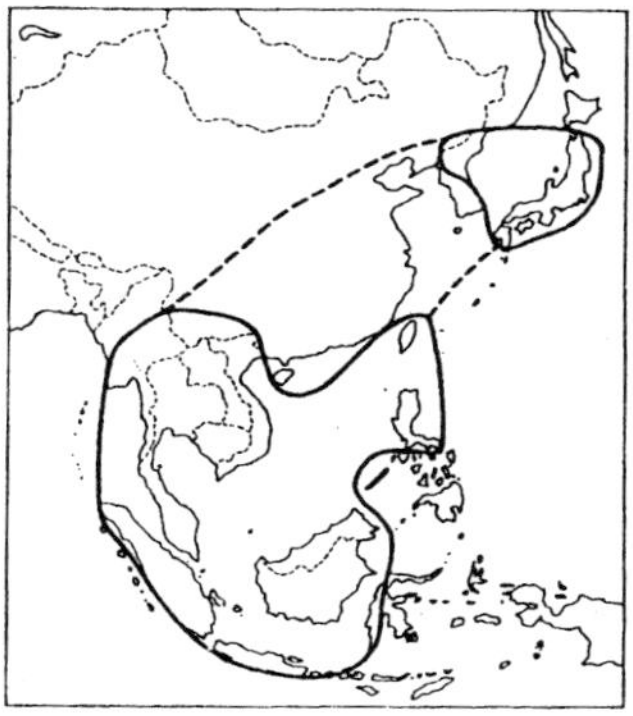
ナレズシの伝統的分布（点線はかつては存在していた地域をしめす）

これも食べなくなる。

清の時代になりますと、広東省だとか、福建省だとか、南部のところだけしかナレズシを食べないようになる。それが中華人民共和国になりますと、広東省や福建省でも生魚を食べることが禁止されます。淡水魚はわりと寄生虫がありますので、それで禁止されるわけです。

ただし現在でも西南中国の雲南省などの少数民族、つまり漢族以外の人々は、いまでもナレズシをつくっています。そこでこの分布図で、中国は点線になっているわけです。昔は食べていたけど、いまはほとんど食べなくなったのです。

水田漁業とナレズシ文化

さて、この分布図で示されているところを見ますと、実は十六世紀ぐらいに水田で稲作をつくっていた地帯を私は復元したことがあるんですが、それにほぼ一致します。

篠田先生が、ナレズシは焼き畑稲作民から始まったと仮説を立てられましたが、実際に調査してみますと、焼き畑稲作民はそういったナレズシはつくりません。焼き畑稲作というのは、稲作のなかでも大変古い時代の稲作で、火を付けて山を焼いて、そこへ陸稲を植えるわけです。

焼き畑稲作民はだいたい平地じゃなくて、丘陵地、丘だとか山に住んでいる。そういったところの川は急流で、そうすると保存食にするほど魚がたくさん捕れないわけです。そこで伝統的にナレズシをつくっていたところを地図に表すと、見事に水田稲作をやっていた地帯に一致するわけです。

私は水田漁業という概念を、私の共同調査者であったケネス・ラドルさんと一緒につくりました*。ラドルさんは国際的に大変活躍していた、国連関係の研究機関におり、かつては私がおりました国立民族学博物館での同僚でもあったわけです。

彼は漁業生態学の専門家です。私は食いもののことはわかっても、魚はよくわからないから、調査は全てラドルさんと一緒にやりました。それで水田漁業という概念をつくることができたんです。

東南アジアの雨季に飛行機で上空を飛びますと、川に堤防がないのが普通なので、雨で川からあふれた水が、田んぼや道に流れ込み、一面水浸しの状態です。日本でも川に堤防がなかった時代は似たようなものだったと思います。

そうしますと、川の魚、回遊魚は、雨季になり川があふれると、あふれた水とともに田んぼへ移動します。田んぼの稲を刈った後というのは、魚の生息にものすごくいいところです。そこへまた洪水みたいにして水が来たときに、栄養分が土と一緒に運ばれてくる。そこでプランクトンが増殖し、魚も増殖するのです。

そして稲の切り株に卵を産み付けるわけです。そうすると肉食性の魚なんかに襲われません。

また、卵がかえって稚魚になった時、肉食性の魚だとか野鳥に襲われるそうになったら、切り株の中に隠れたらいいわけです。

そのうち乾季が訪れ、水が引くと、そのときに川の本流へ魚が大挙して移動するわけです。そのとき、川へ引いていく魚の水路に当たるところに、簗《やな》や魞《えり》など魚を捕らえる仕掛けをしておけば、一度にたくさんの魚が捕れるわけです。乾季になると、もう魚は川の本流に行かないと捕れません。乾季に向かう時、たくさんの捕れた魚を全部食べきれないので保存食にする。そのときに稚魚、小さい魚など、いわゆる雑魚は、みんな塩辛に加工する。それから大きな一匹づけの料理になるような魚はナレズシにする。塩辛とナレズシは水田漁業に起源する食品なのです。

世界で最初に水田稲作が起源したのは、インドシナ半島のメコン川の中流から上流にかけての地帯と、そのちょっと東の西南中国の雲南省とか、貴州省とか、その辺りになります。その辺りで水田稲作というのができて、それが東南アジアや日本にまで伝えられました。塩辛とナレズシは水田稲作にともなって広まった食品なのです。

稲作とナレズシは一緒に中国から伝わった

私は昔、石包丁という石器を調べたことがあります。石包丁というのは稲を刈る道具で、東

＊石毛直道、ケネス・ラドル著『魚醤とナレズシの研究―モンスーン・アジアの食事文化』（一九九〇年、岩波書店）

南アジアでは現在でも稲の穂摘みをしますが、日本でも古墳時代に根元から切る鉄の鎌が出るまで、弥生時代などは稲は穂先だけを摘んでいました。金属の道具が普及する前は石でつくっていた、それが石包丁という石器です。

日本の稲作はまず北九州へやってきたわけですが、北九州の初期の稲作遺跡から出る石包丁の形式と同じものが、実は揚子江の下流の新石器時代と、それから南朝鮮の、稲作地帯に当たるところで出るわけです。

ですから、日本の稲作というのは、揚子江の下流、当時は東南アジア系の民族が住んでいたのですが、そこから初期の稲作が海を通って、船で北九州と南朝鮮にもたらされたというのが私の説です。

言うのを忘れていましたが、東南アジアと中国の初期の稲作、水田稲作をやっていた地方ではすでに塩が得られました。岩塩ではなく、地下に塩水がたくさんある地帯で、それで塩づくりをしていたわけです。稲作民族というのはそのほとんどが古い時代から塩をよく使っています。

それで日本に稲作が伝わってきたときにもう塩辛系の食品と、それからナレズシが伝わってきたんではないかというのが私の考えです。

そうしますと、この淡水魚のナレズシをつくる琵琶湖のフナズシは淡水魚の古い時代の保存法を現在に伝える文化財と言えるでしょう。

日本人の食と基層

―肉食と魚食―

国士舘大学21世紀アジア学部教授
原田　信男

杜父魚

原田です。よろしくお願い致します。

先ほど石毛先生のお話を伺っていて、いろいろ思い出すことがありました。私はもともと村落、特に水田がどういうところにできるかということを研究していて、全国で三カ所の主要な調査フィールドを回りました。最初に調べたのは紀州、和歌山の紀の川沿いでした。

次に、実はこの近江をだいぶ調べました。いまからもう四〇年ほど昔のことで、そのころはまだ魬がきれいに残っていました。農家で古文書調査をしているとフナズシを出していただいて、おいしく楽しませていただいたことを思い出しました。

そういう意味でもフナズシというのは、私にとって懐かしい食べものでありますし、また近江は二番目に調査をしたところですから、今日こういうフォーラムに呼んでいただいて、非常にありがたく嬉しく思っております。

さて三番目の調査は関東平野で、いまは一面きれいな水田地帯となっていますが、実はあの景観は新しいんですね。明治以降、特に戦後になってあれだけ一面の水田化が進んだわけで、それ以前はかなりの湿地帯で水があふれていたというのが、関東平野のもともとの風景なのです。

そうしますと関東平野の問題も、今日のテーマである水田漁業という問題と非常に絡んでくるということを、いまの石毛先生のお話を伺いながら考えていました。

少ない庶民の食文化史料

私は「日本人の食と基層―肉食と魚食―」ということで今日お話しさせていただくわけですが、食文化の研究については、石毛先生にいろいろ教わりながら始めたわけですが、史料が非常に残りにくい分野です。

なおかつ、残る史料というのはハレの史料。お祭りとか、何かの儀式の際の史料です。あと上層の人々のやはり儀式の史料ということで、料理の献立なども残ってはいるんですが、それはかなりトップレベルの人々のものであって、一般の人々の食生活の実態というのがなかなか分かりにくい。

そういうところに食文化研究の難しさみたいなものはあるわけなんですが、今日はそうした日本の食の基層ということで、どちらかというと少ない史料のなかから、むしろ一般の人々が、どういう食生活をしていたかという話をさせていただければと思っております。

日本は豊かな水の国

いまの石毛先生のお話にも、地形という問題がだいぶ重要だということを伺いましたが、あらためて日本の地形という問題を考えてみますと、日本というのは実は非常に大きい国なんです。

皆さん、日本は小さい国とおっしゃいますけど、三七万平方キロメートルという国の規模は、だいたいいま二〇〇近く国があるなかで五十何番目です。そしてそれ以上に特徴的なのが、南北に長いということです。北海道から沖縄まで約三千キロ近くありますが、これだけの広がりを持った国というのは、そうは多くないんですね。

しかも南北に長いわけですから、気候もだいぶ違う。だいたいは温帯に属しているわけですが、北海道は亜寒帯、沖縄の方は亜熱帯となるわけで、ずいぶん違います。

それともう一つ、日本の地形の大きな特色は山が多いことです。だいたい国土面積の七〇%ぐらいが山であって、平地は三〇%しかない。内陸部の台地を入れれば四〇%近くになりますが、いずれにせよ山が多いということ。そしてそこには非常に豊かな森林が生い茂っている。

これは水がきれいで豊富だということになります。日本は上質な水が豊かであります。ですから、先ほどの石毛先生の東南アジアの低地地帯とは違い、かなり水があふれていた低湿地帯なのです。それと先ほど言いましたように、関東平野なんかは、かなり水があふれていた低湿地帯なのです。特に日本というのは、そういう意味では「水の国」と言ってもよろしいかと思います。そうすると、そこには当然魚がたくさんいるわけです。

米文化圏は魚とブタがセット

これも石毛先生のお仕事なんですけれども、だいたい世界の主食の文化圏というのは、麦文化と米文化に分かれます。麦文化は酪農などと結び付いて、乳製品と肉の文化に結び付く。それに対して米文化はまさに田んぼと関係がありますから、そこで魚が結び付いて、そして先ほどのナレズシの話になってくるわけですが、もう一つ、これに実はブタがついてくるわけですね。つまり米と魚とブタというのが、米文化圏の一つの大きな特色であるわけです。

米はもともと亜熱帯の方の暖かいところの植物です。けれども日本は温帯がメインであり、そこで豊富な水を利用して、米のなかでも一番つくりにくいと言われている温帯ジャポニカという品種を、水田という、まさに米の工場をつくることによって、これを見事に栽培させてきた、そういう米と魚の文化というものがあるわけです。

しかしよく考えてみますと、東南アジアと比べてみますと、米と魚はあってもブタがない、ブタが落ちているということです。これは日本の稲作の非常に特徴的なことだと考えられますが、ブタ飼育の欠落ということが、一つの日本の食文化の大きな問題だろうと思います。

時間の関係もあるので、ちょっと縄文とか旧石器の話は省きますが、水田稲作が日本の弥生時代に入ってきたときには、当然ブタも一緒に入ってきているわけです。これまで弥生時代の遺跡からは、イノシシの骨が出土していたということが指摘されていたんですが、どうもそれが最近の考古学では、イノシシではなくブタである*といわれています。

＊動物考古学の西本豊弘さんは「弥生時代のブタについて」『国立歴史民俗博物館研究報告』三六集（一九九一年）で弥生時代のブタはイノシシを家畜化したものではないと述べている。

つまり鼻の長さの比較とかでわかりますし、最も典型的なのは歯槽膿漏にかかったイノシシの骨というのが出てきていることで、これは野生ではあり得ないわけで、当然ブタということです。

全部が全部とは言いませんけど、かなりの数のイノシシの骨と言われたものが、ブタであるというふうに考えられるようになってきました。そうすると、これは東南アジアの稲作地帯とほぼ同じような文化が、弥生時代の日本にあったということになります。

ちなみに私、いまラオスの方にだいぶ熱中して通っていて、先月も行ってきたんですが、ラオスに行って私が好きなのは、ブタのナレズシです。非常においしい。お酒のつまみにもなって。まさにあれなんかは、稲作文化の応用で、魚をブタに代えただけのものです。もちろん魚醬、普通の魚のナレズシも多いですが、特にラオスではいまでもブタのナレズシがよく残っております。

このように実は米と魚とブタという、これが一つのセットなんですが、それが日本ではブタが落ちてきてしまった。なぜブタが落ちたのかということを、私は少し研究してみたわけなんですけど。

七世紀、日本人はイノシシやシカを食べていた

『魏志倭人伝』という本。これはいままでは弥生時代の終わりと言われていましたけど、最

近の研究ではどうも古墳時代の始まりぐらいだろうと言われております。この『魏志倭人伝』のなかに、やはり肉を嫌うという一つの民俗が出てまいります。

肉を食べないのではないんですが、人が死んだときや、特別な精進潔斎的なことをやるときには肉を嫌うんですね。そういう民俗が、ちらっと『魏志倭人伝』のなかに見えてまいります。そして、これはなぜかという問題なんですが、これは古墳時代初期と考えられますが、ちょうどこの頃から、だんだん先ほどのブタの骨の出土数も減少してまいります。また古代律令制国家の段階になると、いわゆる肉食禁止令というものが、天武天皇四年、六七五年に出るわけです。

しかしこの肉食禁止令というのは、正確には殺生禁断令であって、動物を殺してはいけないということなんです。なぜそう考えたかといいますと、この肉食禁止令では食べてはいけない動物が五つ出てまいります。それはウシ、ウマ、イヌ、ニワトリ、サルなんですね。この五種に限って食べてはいけないと指定しているわけです。

それともう一つ、この法令の特色は、四月から九月までの間は食べてはいけないと言っていることです。ということは、四月から九月以外は食べてもいいわけです。四月から九月というのは当然稲作の時期です。そこでこの問題は、米と関係があるんではないかと私は考えまして、いろいろその前後の法令などを調べてみたわけです。

ちなみにこの五つの動物は実は日本人の肉食とは関係ない動物なわけです。「肉」という字は「にく」と読みますが、これは実は訓読みではなくて音読みなんです。「肉」の訓読みは「しし」です。例えば「肉叢《ししむら》」とか。そして「いのしし」、シカのことを「かのしし」、カモシカのことを「かもしし」と言います。この三つが、実は日本人が長い間食べてきた動物の肉なのです。ところがいま言った天武天皇四年の肉食禁止令のなかには、シカとイノシシが入っておりません。これでは「肉」を禁止したことにはならないわけです。

ウシとウマは、もちろん食べなかったわけではありませんけど、基本的にはものの運搬や農耕に非常に重要な有益家畜です。それとイヌとニワトリは、これはかなり身近な家畜でありますし、サルは人間に一番形態的に近い動物で、そのため肉の禁忌が高かったわけですね。

この五つの動物を禁止しているだけで、日本人が食べてきたシカとイノシシについては禁止されていない。それ故これは肉食禁止ではないというのが、私の結論であります。

稲作の栽培時期に限った肉食禁止令

ではなぜ禁止したのかということになってきますと、これは先ほどちょっと言いました『魏志倭人伝』のなかに、何か特別なときに日本人は肉を遠ざけるという風習がありました。

そして実は宇野円空*という、戦前ぐらいに活躍した民族学の大家がいるわけですが、宇野さんはマレーシアを中心に、東南アジア周辺を歩いて、稲作の儀礼について非常に細かな調査結果を出しました。

稲というのは植物のなかでも非常に繊細なものです。繊細な性格を持った植物です。従ってちょっと育て方を間違えると、つまり雨が降らなかったり降りすぎたり、温度が高過ぎたり低すぎたりすると枯れてしまいます。

そういう繊細な稲を栽培するためには、やはり人間の側の問題としては、タブーをいくつかつくりだすわけです。そういうタブーを四〇〇例近く宇野さんは研究されているわけですが、それらを読んでいますと、今日は米をつくりに行く日なんだけれども、その日にカラスに会ったら、その日はつくらない方がいいとかですね。ヘビを見たらやっぱり行けないとか、それから肉を食べたらつくってはいけないと、いくつかあるんです。

ですから、さまざまな稲をつくるときのタブーがあるわけですが、どうも日本にも古代において、肉を食べると稲作がうまくいかないというタブーがあったと考えられます。

これは史料的にはいくつか考古学的な例がありますが、天武天皇四年の肉食禁止令というのは、どうも稲作時期の四月から九月までの間は五つの動物に限って肉を食べてはいけないと命令している。これは稲作をうまく推進させるために肉を食べるなというふうに考えて、政府が出した法令だと読むことができます。

そしてその前後の法令を読んでいますと、例えば天武天皇の奥さんの持統天皇五年のときは雨が多すぎて、このままだと稲が全部やられてしまうだろうという状態でした。

そこで持統天皇は役人、貴族たちには、肉と酒をやめなさいという禁令を出しています。つ

＊一八八五〜一九四九。東京帝大卒。宗教民族学の分野を開拓した。

まり肉と酒をやめると稲作がうまくいくんだというふうに考えていたということになります。なおかつお坊さんたちには一生懸命お経を読めと言っています。そうすれば、そのお経の効力で雨がやむであろうと。そういう法令を六月の梅雨の時期に持統天皇は出しているわけです。そういう問題から考えていくと、どうも日本の肉食禁止というのは、稲作をうまくいかせるための一つの政策であったと理解することができるわけです。

肉食の穢れの思想

従って本来的には天武天皇の肉食禁止令の段階では、イノシシもシカも禁止されてはいなかったのですが、この法令はむしろ動物を殺すという問題と密接に関係してきます。

特に日本では、これもともとは浄・不浄という仏教の考え方なんですけれども、穢れの問題というものが、非常に重要視されるような民俗文化というものが形成されます。穢れの問題というのは実は日本だけはなく、朝鮮半島にもありますし、中国でも道教では穢れというものを非常に嫌います。

その穢れの思想が日本列島にも入ってまいりまして、一番の穢れは死んだことによる穢れです。それから女性の産の穢れ、そして肉を食べるという食肉の穢れであるというふうになります。

死の穢れは共通なわけですが、中国の場合はこの穢れのうち、産の穢れをものすごく嫌います。ところが日本では、もちろん産も穢れの一つではあるんですが、それ以上に食肉の穢れを非常に嫌うようになるわけです。

この食肉の穢れというのは、『延喜式』の段階では、シカ肉を食べると三日間穢れることになっています。ところがこれが中世を通じて進行し、鎌倉時代ぐらいになると、この穢れの問題というのは観念的に非常に強く意識されるようになりました。

鎌倉時代の物忌令という、これは法令というよりも、一種の通念みたいなもので、神社にお参りするときには、穢れているときに神社に行ったら効き目がないと人々は考えていました。逆にいえば何月何日に神社に行くとなったら、その日から逆算して肉を食べないようにするということです。法令というよりも、その神社ごとに規定ができていまして、これを見てみますと、だいたいシカやイノシシを食べた穢れは一〇〇日になっているのです。

中世には非常にこの穢れが強く意識されていました。なおかつ、この穢れはうつると考えられていました。どういうふうにうつるかというと、例えば、Aという人物が肉を食べます。そうすると一〇〇日間穢れます。そしてそのAの友達のBがAと一緒に食事する。するとBは肉を食べなくても、一緒に食事するというだけで、つまり同じ火で料理したものを食べるだけでうつるのです。植物性のものを食べても、BはAと食事しちゃいましたから、Bは一〇〇日間まではいかないけれど、だいたい二一日間穢れるということになるわけです。

ところがさらに、Aには会ったことも、見たこともない。けれどその穢れがうつったBと、その友達であるCが一緒に食事をすると、Cは七日間穢れてしまう。ただしこれは穢れ三転の思想といって、三回うつると消えてしまうということなのです。

そんな話をしたら、ある女の先生が、「先生、そんなの黙っていれば分からないじゃないですか」と言うんですが、違うんですね。やはり昔の人にとっては、穢れている間に神社に行ったらお参りの効力がないと考えますから、非常にそれは慎重に取り扱うし、もちろん神聖な宮中に出仕するのも、肉を食べたら何日間かは宮廷の中の足を踏み入れてはいけないことになっています。そういう穢れの思想、そのなかでも肉食の穢れというものが強く日本で意識されるようになったのです。

すると初めは水田稲作のために、動物を殺してはいけないという殺生禁断令であったものが、だんだん穢れの方が強く意識されることによって、日本人は肉を食べるということをやめるようになってきた。

当然、弥生時代は食べていたわけです。それからしばらく食べていましたし、もちろん先ほど言いましたように、シカやイノシシ*も食べられてきています。しかもこれはずっと伝統的に続いてきているもので、いわゆるもみじ鍋とか、ぼたん鍋というかたちで近世まで、明治まで食べられていました。

ついでに言っておけば、すき焼きというのは牛肉の鍋ですが、あれはもともとはぼたん鍋というイノシシ鍋、あるいはもみじ鍋というシカ鍋など、そうした系統を引いたものであるわけです。ただ、すき焼きの原型は江戸時代の料理書を読んでいますと、本当に農具のすきを使うのです。あれで焼くんですが、江戸時代の料理書に使っている材料は鳥と魚です。それが文明開化で、明治になって牛肉が入ってきて、まさに牛肉のすき焼きというかたちの料理につくり上げてしまったわけです。

基本的に全く食べられていなかったわけではないんですけど、古代以来、一応禁忌が強い食べものとして、しだいに動物の肉、イノシシもシカも嫌われるようになった。迷信集なんかを読んでいますと、「肉を食べると口が曲がる」とか、「目が見えなくなる」とか、そういう迷信がたくさん残っております。

ですから、その七世紀ぐらいから始まった、私にいわせれば米政策の一つの犠牲になって、肉の方が日本の食文化のなかで抜け落ちてきてしまった。そういう歴史が古代の律令国家から始まったということですね。

米は税。食生活は米だけでは成り立たなかった

ご承知のように日本の古代律令国家というのは、米を租税の中心に据えた国家です。年配の方が多いから分かってくれるかと思いますが、大石主税、内蔵助の息子ですね。「主税」と書いて「ちから」と読みます。「ちから」というのは米です。「主税」つまり主な税金は米だったのです。日本人にとって米は力の源泉であったわけです。

力うどんといえば、小麦粉のうどんに力の源となる米の餅が入っているわけです。それから

＊近年は獣害対策の一環として、ジビエ料理の消費拡大を図っている自治体が増えてきた。

枕米という風習があって、死んだ人の枕元で竹筒に米を入れて、米の音を聞かせてやると、それで力を得て三途《さんず》の川を渡ることができると考えられたり、あるいは妊婦に同じように米の音を聞かせて、お産をするときの力を付けてあげるということで、日本人にとって米は力の源泉であったわけです。

そして古代律令国家は、中国の均田制という法律をまねて班田制をつくったわけですが、中国では畑も公地公民、均田制の対象だったわけです。しかし日本では畑は無視されて水田、田んぼだけが口分田として、公地公民制の対象となりました。つまり水田にのみ税を課しました。あくまでも米の税。これを日本の古代国家は経済の基盤として選択し、まさに米を聖なる食べものとしたわけです。

昭和天皇大嘗祭の悠紀斎田に選ばれた野洲市三上では毎年お田植え祭りがおこなわれている。

ちなみに天皇の最大の儀式である大嘗祭《だいじょうさい》と新嘗祭《にいなめさい》。これは粟も対象となっているという問題もあるんですが、基本的にはやはり米、稲作のための祭祀とすべきでしょう。つまり天皇は米の司宰者であるということが重要で、米が聖なる食べものになり、そして肉は穢れた食べものとされてしまったという歴史があるわけです。しかし現実には肉が食べられてこなかったわけではありません。

それともう一つ重要なのは、米が主食といっても、日本人が米だけの飯を食べられるようになったのは一九六〇年代のことです。それまでは、私も子どものころで覚えていますけど、だいたい混ぜ飯とか、麦を入れたりとか、そういう時代が非常に長く続いてきたという歴史があります。ですから農学者の渡部忠世先生*は、日本人は米食民族ではない。正確にいうなら米食悲願民族、米が食べたい民族であったというふうに表現されていますが、まさしくそのとおりで、実際の食生活は米だけでは成り立たなかったというのが現実です。

そして米は、先ほど申しましたように国家の税金。それから中世に荘園ができますけれども、そこで米以外の年貢を取ったところもあるんですが、やはり基本的に年貢の中心は米です。農民は米を一生懸命つくるけれども、それはだいたいが年貢として取られてしまうわけです。そうなると、農民はいろんな雑穀が主な食べ物となり、なおかつ米に代わる良質なタンパク質が必要となります。しかし肉が穢れとされてしまったため、もう一つの優れた動物性のタンパク質を有する魚に傾いていったのです。

鎌倉新仏教は肉食を否定していない

獣肉は四足と言いますけれども、四つの足の肉は穢れにされてしまったんですけど、二足の

＊一九二四年生まれ。京都大学農学部卒。京都大学東南アジア研究センター所長を長年務め、稲の起源やその伝播を研究。

鳥。それと無足と言いますが、魚ですね。二足、無足の、鳥と魚。これが日本人の主要な動物タンパク源であるということに、歴史のなかで形成されていったということになります。

ところが食生活の現状を調べてみると、実際にはかなり肉を食べているんですね。例えば武士団というものが中世の荘園公領制の基礎をつくり上げ、中世のシステムを支えたと言われているわけです。

この武士団の経営、どんなふうに彼らが経済的な活動を行ったかというのを見ますと、『今昔物語』という古い説話集があるのですが、これを読んでみますと、だいたいは稲作もしているけど、狩猟や漁撈を熱心にやっている姿が描かれております。

そして冒頭に、食文化というのは歴史的に階層性が強いということを申し上げましたけれども、米の年貢を取れる荘園領主たちは米を食べていましたが、実際の農民たちの食生活では、米はなかなか食べることができないわけです。

荘園で史料がよく残っているのは大きなお寺です。近江には比叡山がございますけれども、最大の荘園領主である比叡山や高野山などの旧仏教系の寺院では、戒律を守って肉は食べないという食生活を行ってきていました。しかし一般の人々はそうはいきません。

一番典型的によく分かるのが、鎌倉新仏教という宗派の成立と教えです。荘園領主で米の確保ができた旧仏教の方は肉を否定しますが、逆に救済対象を米の食べられない下層の民たちに置いた法然や親鸞、そういう人々が新仏教という新しい教義をつくり、そのなかでは肉食が許されているんです。

法然はそうした下層の農民たちに囲まれていろいろ問答を受けるわけですが、「酒は飲んではどうでしょうか」と法然に農民が尋ねる。すると法然は「本当はよくないけれども、この世の習い、仕方がない」というのです。私はこの一節が大好きなんです。

そしてその次に肉の話が来て、「では肉はどうでしょうか」と聞くと、「いや、肉もただ同じ。酒に同じだ」と。「食べてはいけないけれども、食べるのがこの世の習いであるから、食べてもいいだろう」という教えを説いているわけです。

さらに法然の弟子である親鸞は浄土真宗という教派をつくりますが、この教えには有名な悪人正機説というのがございます。善人が往生できるなら、どうして悪人が往生できないはずがあろうか。悪人こそ先に往生できると。

親鸞の言う悪人というのは、これは犯罪者ということではなくて、いわゆる狩猟、漁撈などを仕事とする人々のことで、さらに商売人も年貢を納めないから、中世の概念からいくと悪人となるのですね。

ちょっとそれを読みますと、「海川に網をひき、釣りをして世をわたるものも、野山にししをかり、鳥をとりていのちをつぐともがら」。これは親鸞にとっては、「わがはらから」すなわち仲間であるという考え方を表明しています。

つまり彼らは、本当はしてはよくない動物の殺生をして生きているのだから、まさに悪人ではあるけれども、それは彼らが仕方ないからそうしているのであって、そういう人間こそ逆に往生の対象になる。仏はそういう人間から先に救ってくれるのだというのが、親鸞の説いた悪人正機説ということになるわけです。

いずれにしても中世においては、かなり動物を獲ったり、魚を獲ったりするなど、殺生して生きている人々が非常に多かった。だからこそ逆に鎌倉仏教というのは、底辺の庶民層に勢いよく広がっていった。

先ほど私は関東平野の話を致しましたけれども、この親鸞が京都の比叡山で修行しますが、その教えに疑問を抱くことになります。そして師の法然との関係で、幕府からにらまれて佐渡に流されるわけですね。しかも親鸞は許されても真っすぐ京都には帰らず、群馬辺りから茨城の常陸に入って、そこで原始真宗と呼んでおりますけど、初期集団をつくるわけです。

そこも私のフィールドだったわけですけど、実際にこの時期の関東平野はかなり水であふれていたところで、親鸞はあの辺を動くのに、ほとんど小さな小舟で動いております。ということは、これはかなりの魚がいたんですね。関東平野は山地がほとんどなく平地ですから、特に貧しい人々の重要な食べものというのは、やはり魚だったわけです。

もちろん山の方ではシカやイノシシを獲って食べていた人もいるでしょうが、基本的に魚は日本人にとって、非常に重要な動物タンパク源になっていったということになります。

江戸時代、肉食の禁忌は最高潮に達した

そういった古代国家が米のために肉を否定した思想、考え方みたいなものは、江戸幕府に最

終的に引き継がれて、そして古代国家が米を重要な税金と位置付けたことを象徴するように、近世、つまり一七世紀以降に成立した江戸幕府によって、いわゆる石高制というかたちになったのです。

石高はあくまでも米の計量単位であり、その米の見積もり生産量として、村の経済力や、大名の経済力、これは何石の村、何万石の大名というかたちで、米を基準にした経済というものが江戸時代になって発展してまいります。

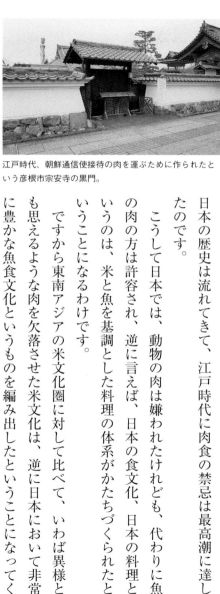

そしてこの江戸時代に、逆に一番肉食の禁忌というものが高まって、さっき言ったような、肉を食べると口が曲がるとか、目が見えなくなるというような迷信は、だいたいこの江戸時代ぐらいに出来上がったものだと考えられます。こういうかたちで日本の歴史は流れてきて、江戸時代に肉食の禁忌は最高潮に達したのです。

江戸時代、朝鮮通信使接待の肉を運ぶために作られたという彦根市宗安寺の黒門。

こうして日本では、動物の肉は嫌われたけれども、代わりに魚の肉の方は許容され、逆に言えば、日本の食文化、日本の料理というのは、米と魚を基調とした料理の体系がかたちづくられたということになるわけです。

ですから東南アジアの米文化圏に対して比べて、いわば異様とも思えるような肉を欠落させた米文化は、逆に日本において非常に豊かな魚食文化というものを編み出したということになってくるわけです。

江戸時代の料理本も読んだりしましたが、江戸時代の料理本には、まったくといって言いほど肉は出てまいりません。若干の例外はあるんですが、ほとんど魚の料理で、鳥もやはり少ないですね。こうして非常に豊かな魚の料理文化が日本で形成されてきたわけです。

日本で肉食が魚食を上回ったのは三〇年前

そういうなかで、明治維新によって日本は開国を迫られて、新しい西洋文明の輸入が始まるわけですが、ここで肉食が再開されるわけです。歴史的には天武天皇が禁じたことになっていますから、明治天皇が肉食を再開するということを宣言しなければならなかったわけです。これが明治四年一二月のことであって、明治天皇は肉食再開を宣言致します。

ところがやはり国民の反応はさまざまで、食生活はその辺が面白いところなんですが、「牛肉食わぬは開けぬ奴」というかたちで牛鍋が非常に流行して、すき焼きみたいなものが生まれてくるという流れがある一方で、非常に頑固な人々は、肉食をしているから日本は穢れてしまって、こんな変な世の中になってしまったんだと考えたわけです。

その甚だしい例が明治五年二月、つまり前年の一二月に天皇が肉食再開を宣言した二カ月後に、白装束に身を固めた人々が皇居に乱入をするという事件が起きました。当然侵入は果たせずに捕まって、そのうち四人は死んでしまうのですが、捕まえていろいろ事情を聞くと、彼らは天皇に「肉食再開とはけしからん。これをやめさせないと、日本はとんでもないことになる」と言って、乱入しようとしたのです。

彼らは修験系の人なんですが、白装束に身を固めていれば、「鉄砲の弾なんかに当たらない」と言って乱入するわけです。ところが当たって四人死んじゃうわけですけれども。しかし強固に肉食を廃するという考えの人々も一方にいたわけです。

そして近代になって徐々に、肉食が浸透していきます。西洋料理も入ってきますし、なかでも軍隊、特に海軍では肉食を推奨して、士官たちには給料をもらったら月に一回必ず精養軒に行って、肉を食ってこいというような命令まで出してます。また陸軍でも牛肉や豚肉がメニューに取り入れられます。こうして、徐々に肉食は広まっていきます。

しかしやはり日本は魚食の国でありまして、なかなかこれを肉食に全面的に切り替えるのは難しかった。そのために一つの大きな苦労話というか、笑い話みたいなものに、魚肉ソーセージがあるわけです。

以前魚肉ソーセージ*を詳しく調べたことがありましたけど、あれは日本にしかない。しかも魚肉ソーセージというのは、実はかまぼこ技術の応用なんですね。かまぼこのすり身の技術を応用し、そしてそれに色を付けて、ビニールのチューブに入れて蒸し、肉食のソーセージに見立てたものです。

＊一九五二年に愛媛県の西南開発株式会社が明治屋を発売元として「スモークミート」として販売を開始したのが最初。

私なんかは学生時代にだいぶお世話になりまして、あれを一本買ってきて、フライパンで塩こしょうして焼くと、何か肉を食べたような気になったわけです。それが発明されたのは、だいたい昭和の三〇年前後のことでありますし、西暦でいったら一九五五年前後のころです。

調べてみますと、日本人は肉と魚で、ずっと魚食がメインで来ているわけですが、日本人の食生活のなかで肉と魚の消費量が逆転するのは、実は一九八〇年代なんです。これはカロリーベースで計算するか、量で計算するかで微妙に違うんですが、一九七〇年代ぐらいからだんだん拮抗してきまして、完全に逆転するのが一九八〇年代です。

ですからいま私が教えている学生なんかに、日本人は昔は肉を食わなかったと言うと、きょとんとしていますし、肉と魚のどっちが好きだと聞くと、だいたいはやはり肉になってしまうわけです。しかし最近は草食系という言葉に象徴されるように、また肉が減少してきたようでもあります。

魚食が肉食を上回ったと時代が日本では非常に長い間続いていて、逆転したのは約三〇年前ということです。でも私もそうですが、だんだん年を取ってくると、肉よりやはり魚の方がおいしいということになってきます。そういう意味では私たちの体に、実は魚食の文化というのが染み付いているのかともいえます。

ちょっとまとまりがありませんでしたけれども、以上で食の基層としての米をベースにしながら、日本人が肉食と魚食とどう関わってきたのかという話を終えさせていただきます。どうもご清聴ありがとうございました。

水田漁業がもたらした近江の食文化

滋賀県立安土城考古博物館副館長
大沼　芳幸

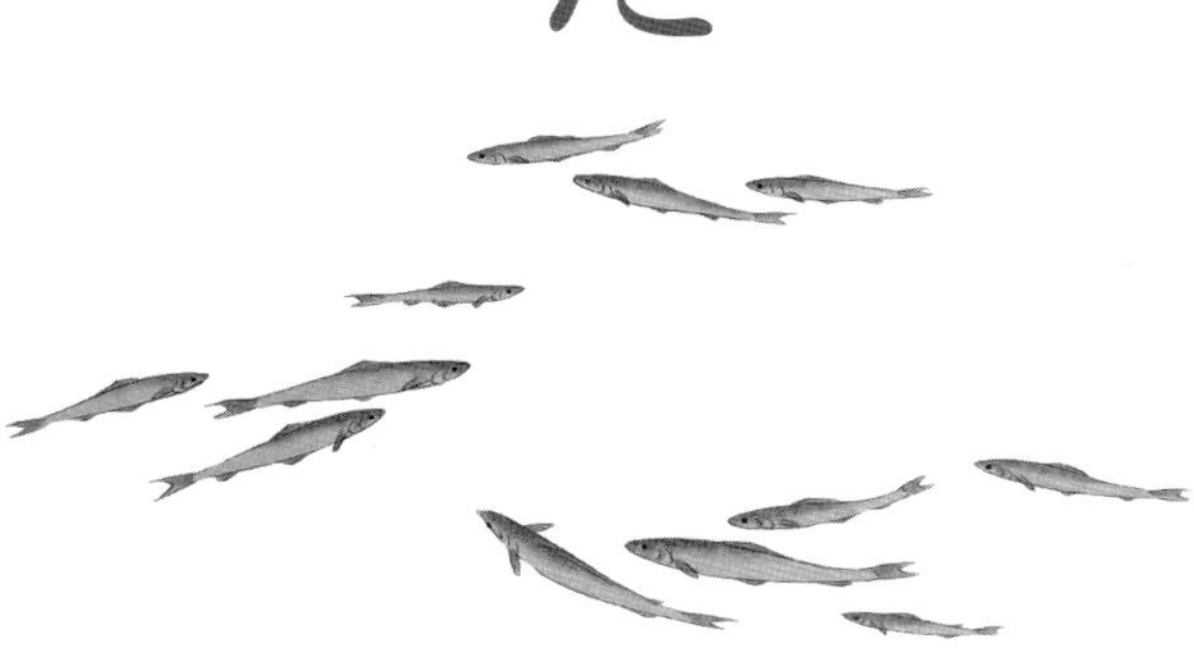

小香魚

魚を身に纏う「王」

まず、この写真を見てください。これは、高島市鴨稲荷山古墳から出土した王冠を復元したものです。絢爛豪華なこの冠。よく見ると何かがぶら下がってます。「魚」です。同じく復元した「沓」にもたくさんの「魚」がぶら下がっています。また、この古墳からは双魚佩《そうぎょはい》と呼ばれる帯飾りも出土していますが、これも名が示すように「魚」がモチーフになっています。これらの魚、何となく淡水魚をイメージしているように見えます。

鴨稲荷山古墳出土金銅製冠（復元）

鴨稲荷山古墳出土双魚佩（復元）

さらに、野洲市三上山下古墳から出土した銅鏡の表面には、魚のシルエットが観察できます。これは、鴨稲荷山古墳から出土したような魚の飾り金具が、鏡面に付着したものと考えられます。このように、古代の王は何故か魚を身に纏うことがあったようです。何故、王は魚を身に纏わなければならなかったのでしょうか。

古墳に副葬された漁具

古墳名（所在地）	築造時期	副葬漁具
椿井大塚山古墳（京都府木津川町）	３世紀後葉	鉄製の銛10数点、ヤス数点、釣り針１点
紫金山古墳（大阪府茨木市）	４世紀中葉	鉄製のヤス 17 点
石山古墳（三重県伊賀市）	４世紀後葉	鉄製の銛、ヤス多数
庵寺山古墳（京都府宇治市）	４世紀末	ヤス１点、釣り針３点
恵解山古墳（京都府長岡京市）	５世紀前葉	鉄製のヤス５点、銛様の鉄製品 12 点

王権と漁業：古墳に副葬される漁具

古墳に副葬されるのは、魚のモチーフだけではありません。魚を獲る漁具を副葬する古墳もみられます。たとえば雪野山古墳は、滋賀県の内陸部に位置する雪野山山頂に築造された四世紀代初頭の前方後円墳で、五面の銅鏡を始めとする多数の副葬品が出土しました。このなかに、組み合わせ式の鉄製ヤスが、十一組以上含まれていました。

表のように、漁具が副葬された古墳は、いずれも古墳時代中期のそのエリアを代表する古墳が多く、王権を象徴する鏡や多数の武具類が副葬されています。これらの古墳分布図を見ると、おもしろい傾向が見て取れます。それは、古墳がいずれも内水面（真水）に面していると言うことです。なぜ

古墳分布図

海ではなく内水面に臨む古墳に漁具が副葬されるのでしょうか。

水界を象徴する魚

『古事記：応神紀』に国を治める概念として、「食国《おすくに》」と「山海」が示されます。「食国」とは国事、言い換えれば政治を表す概念であり、「山海」は山川林野、言い換えれば国土、あるいは自然を表す概念として理解されます。つまり、国を治める王は、政治による国の運営はもとより、国土(自然)をも支配する力あるいは「格」を兼ね備えた者でなければならず、「食国之政」と「山海の政」を併せ行うことが、求められていたと考えられます。この概念は、日本を治める天皇にあっては「日本全体」に及ぼす力であり、格ですが、地方の王にとっては、その支配エリアに及ぼす力であり、格であったと考えられます。支配エリアの大小はあれ、王は自然をも支配しなければならないのです。従って、王は、山海を支配する力と格を持つことを、視覚的に示す必要があります。

「山海」の視点から魚を評価してみます。山海とは山と水です。山を象徴するものは樹木であり、獣かも知れません。そして水を象徴するものは「魚」が最も相応しいでしょう。特に水の支配は、

「命」の支配、「農」の支配にも繋がる、王の支配を正当化する最も重要な要件です。この支配を視覚的に示すため、王は魚を身に纏い、漁具を王墓に副葬し、そして魚を食べたと考えています。

国土を象徴する魚としてのアユ

アユは年魚とも書き、日本の「国魚」といってもよいほど全国各地で獲れる魚です。そして古来、様々なシーンに登場する魚でもあります。

たとえば神武天皇が大和に攻め入る際、この戦いの成否を魚占いします。つまり、天香具山の土で造った器を川に沈め、魚が得られることを成功の予兆とし、これを実行したところ、アユが浮き上がった、というものです。このことは、大和という日本を象徴するエリアを得ることの正当化のために、聖なる土地の土の呪力で得たものが、アユであった。言い換えれば、アユが国土を象徴する魚であると、認識されていたことを示しています。

天皇の即位儀礼である「大嘗祭」には万歳旗という旗が掲げられますが、この旗のモチーフは、神武東征の古事に因んだ土器とアユです。

『日本書記』によれば、後の応神天皇を身に宿し新羅遠征を敢行した神功皇后は、肥前国の松浦川で、この遠征の成否を釣占いします。裳裾の糸で、米を餌に釣り糸を垂れたところ、見事にアユが釣れ、この遠征が成功することを予兆します。

このことは、新羅という「国土」を得ることを「米」の餌により、「アユ」を得ることにより象徴化したものと考えられます。

贄《にえ》とアユ

贄とは、古代において地方から天皇家に献上されるその土地の特産品です。特産品とは、その土地の魂が籠もったものであり、それを献上することは、その土地ごと天皇に服属すると言う意味が込められていたと考えられます。この贄として献上される産物にアユが多く含まれています。反対に、畿内五カ国からの贄にはアユが含まれていません。天皇の権威が直接及ぶ畿内から、国土を象徴するアユの献上は必要なかったのかも知れません。

何故、アユが国土の象徴となり得るのでしょうか？　明治時代の飛騨地方の地誌に『斐太後風土記』があります。このなかに、アユと国土の関係を知る手がかりがあります。

［大野郡白川郷］「されど豊年ならでは、上白川まで上らず。豊凶に係らず、中切・大郷等、下白川にては魚簗にてとるとぞ。」

［吉城郡小島郷］「宮川に年魚の上ることは、年によりて多少有り、豊年には多数登りて（俗に豊年魚という）高山町の橋々より上まで上ることあれども、其れは希なること似て……。」

明治時代の飛騨地方では、アユは、豊年の年には河川の上流まで遡上し、豊年魚とも呼ばれていたことが記録されています。因みに、現代では、飛騨高山市の上流域までアユは遡上しています。このことは何を示しているのでしょうか？

アユの餌は、川底の石に付着する珪藻類です。つまり、水温が高ければ川底の珪藻類も良く生長するので、これに誘われるようにアユがやってくる。水温の高い年とは、夏の気温の高い年であり、冷涼な飛騨地方にあっては豊年の年となる。気温と稲作の豊凶、水温とアユの遡上域が連動しており、ここにアユの遡上と稲作との関係が有機的に認識されるようになり、「豊年魚」の名称が生まれたのでしょう。

アユの焼き干し

象徴的なアユの利用方法があります。江の川、匹見川、日置川、紀ノ川等、アユが良く獲れる河川流域では、脂の抜けた落アユを焼干しに加工し、正月の雑煮の出汁に使うというものです。農耕民にとって新たな年の豊作を願い神に供える食にアユが用いられることは、稲作とアユとの関係を示唆するものではないでしょうか。

アユを育てるのは水田からの排水

気温の関係から、アユと稲作の関係を紹介しましたが、それ以上に密接な関係がアユと稲作の間にあります。それは、アユを育てる珪藻類の栄養源が水田である、という関係です。「水清くして不魚住」という言葉がありますが、これはそのままアユの生態に当てはまります。アユの餌は、川底の石に付着する珪藻類ですが、珪藻を育てるのは太陽の力(気温)と水中の栄養分です。この水中栄養分は、自然状態の河川中流、上流域では余り供給されません。つまり、自然状態ではアユを育てる珪藻類は生育不良状態であり、従ってアユを育てることもできません。しかし、河川周辺に人の手が入り、水田開発により、水田に入った水は、水田に施された栄養分とともに排水路を通り、河川に流入します。ここに太陽が降り注げば、珪藻類が繁茂します。珪藻類が繁茂すれば、これを求めてアユがやってきます。水田の開発が上流に向かって広がって行けば、アユも遡上域を広げて行きます。つまり、アユの生息域は、河川周辺の水田開発と連動しているのです。

再び魚を身に纏う王：水界としての水田そして琵琶湖

先に、古墳時代の王は、「山海之政」を執る力と格を示すために、水界の象徴物として魚を身に纏うとしました。もう一歩魚と水との関係を深めれば、水界には水田も含まれ、そして魚は、水田という水界をも象徴していたと考えることができないでしょうか。

水界として水田を評価してみましょう。

水田とは、見ようによっては水深の浅いプールです。また、水田には水を入れる用水路が必要であり、さらに、水を出す排水路が必要になります。そして、この排水路は、通常は河川に繋がり、排水に含まれた養分により、川底の石に珪藻を育てます。

この関係を琵琶湖周辺の水田を通してみてみましょう。近江では、水田排水は河川ではなく、琵琶湖に繋がります。このことは、見ようによっては、排水路と水田を介して琵琶湖の水面が広がったことを意味します。水田は水深が浅く、富栄養化していますので、豊富な太陽を浴びて大量のプランクトンが発生します。やがて生長した稲は水面を覆い隠します。

今度は水界としての水田を魚の目線から評価してみましょう。まず河川では、水田から流れ込んだ栄養分により、川底の石に珪藻が育ちます。これは、アユにとって予期せぬレストランの出現を意味します。水田の開発域が拡大するにつれて、アユの遡上域も拡大します。

琵琶湖では、魚にとって、天国のような産卵環境が出現しました。稚魚の餌となる豊富なプランクトン。育った稲は、稚魚たちを天敵である鳥の目から護ります。予期せぬ揺りかごの出現です。つまり水田の開発は、魚の生育環境を大幅な改善をもたらしたのです。

次に、この関係を古墳時代の王の目線から評価してみましょう。王の眼には、水田の開発と共に水田に誘われるように人間界にやってきた魚は、水田を含めた水界を象徴するものであり、さらに、魚は水を介した「自然」はもとより、「農」という生産基盤を含めた「国土」の象徴と映ったのです。

よって、王は魚を食べ、そして魚のモチーフを身に纏うことにより、国土を支配する「格」を誇示したのです。

その時、琵琶湖に起きたこと

恐らく弥生時代前期、平地が多く、水も豊富な湖岸部から水田開発は始まったと考えられます。その時、予期せぬ出来事が琵琶湖に起きました。湖国の人達が「ウオジマ」と呼ぶ現象です。これは、梅雨時に、田植えの終わった水田から、雨水と共に流れ出る排水に誘われ、水田をめがけて押し寄せる、フナやコイの群れです。押し合いへし合いしながら上る魚の背中が、水面から盛り上がるように見えたことから、魚の島「ウオジマ」といいます。なんと豊かな情景でしょう。そして、魚自身も水田という環境に合わせてその生態を変化させていったようです。琵琶湖固有の鮒であるニゴロブナの稚魚は、極度の低酸素状態でも生きて行くことができるそうです。まさに、水田生まれに相応しい生態と言えるでしょう。

水田の開発と魚との関係を農民の目線から評価してみましょう。

河川では、水田排水に誘われるように、アユの生息域が拡大します。アユの生態と稲の関係をみると、アユが遡上してくるのは、初夏の田植えの季節です。アユが成長するのは夏の稲の生長の季節。そして、アユが去って行くのは、稲の稔りの季節です。アユの遡上と成長、降河のサイクルと稲の生長のサイクルが一致し、このことが毎年繰り返されます。この様子を見た農民は「アユが海（他界）から稲魂を運んでくる」と感じたのではないでしょうか。

一方琵琶湖では、人は、水田を造るために自然を人為的に改変しました。しかし、その改変は、魚にとって好ましい改変だったのです。その時、琵琶湖にウオジマ（産卵のため水田をめがけて遡上する魚の群れ）が出現しました。そして、水田で生まれた稚魚は、稲と共に育ち、刈り入れを前に琵琶湖に去って行きます。

水田における魚の誕生と成長のサイクルが、水田における稲の生長のサイクルと見事に一致していきます。そして、毎年このことが繰り返される。この水田と魚の関係を見た湖岸の農民は「魚が琵琶湖（他界）から稲魂を運んでくる」と感じたのではないでしょうか。

この、魚が「琵琶湖から稲魂を運んで来る」という心象を物語る行事が伝えられています。

田の神様へのお供え［高島市新旭町］

高島市新旭町針江で行われている「田の神様」の行事です。これは、十一月の後半に行われる収穫への感謝の祭で、米を納めた米倉で行われます。

米倉に野菜や、御神酒を供え神様に豊穣を感謝するのですが、この際、茶碗に生きた琵琶湖の小魚を入れ、一緒にお供えします。お祈りが終わると、魚は集落を流れる川に放たれ、琵琶湖に帰ってゆきます。まさに、琵琶湖に豊穣を司るカミの世界があり、その使者として魚が意識されていることを示しているのではないでしょうか。

ナレズシの誕生

琵琶湖では「魚が琵琶湖から稲魂を運んでくる」、河川の流域では「アユが海から稲魂を運んでくる」と意識された時、稔りの米と、稔りをもたらす魚が融合し、聖なる食べ物が生まれたのではないでしょうか。もちろん、先ほどの石毛先生のお話もありましたように、ナレズシの起源は東南アジアで、それが稲作と共に日本に伝わってきたわけですが、ナレズシに対する日本的な心象が、「豊穣を介した魚と米との融合」に変容したのだと考えています。

ナレズシに使われる魚を観ると、近江以外では、圧倒的にアユが多く、文献的に観てもアユのナレズシが多く登場します。しかし琵琶湖周辺ではフナズシが主であり、これにさまざまな小魚のナレズシが加わります。この傾向は、考えてみれば当然のことで、水田を開発する環境が、多くの場合は河川流域ですが、琵琶湖の場合は、琵琶湖沿岸という他にない環境の元で水田開発が行われた結果、水田に誘われてやって来る魚の種類に差異が生じたためと考えられます。

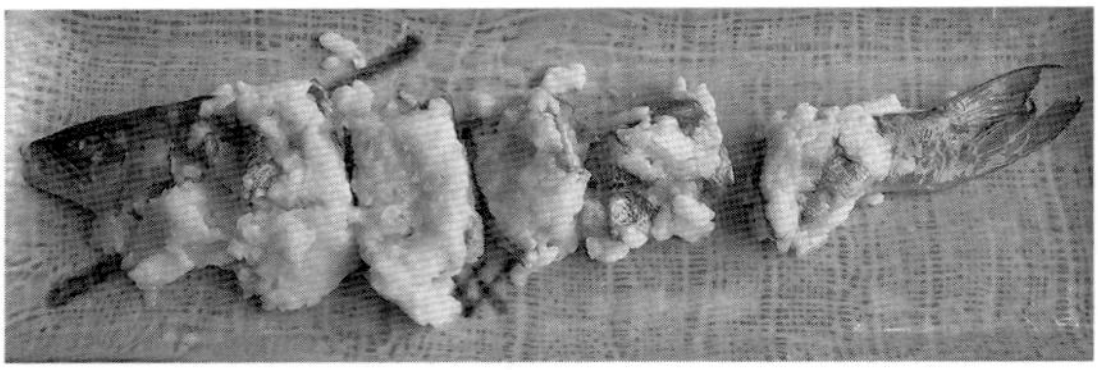
長良川のアユズシ

「稲魂を運ぶ魚と稔りの米の融合」を示す行事があります。草津市下寺町津田江の天満宮で行われる「スシ切り」の神事で、正月に稲作の豊穣を

スシ切り神事［草津市津田江］

祈る予祝行事として行われます。頭屋に当たった家では、春にフナを獲り、塩漬けにしておきます。神前に供えるフナズシは、三十年程前に調査に行った時には巨大なゲンゴロウブナを使っていました。また、この神事用のフナは新米で漬けられます。従って御飯に漬けるのは秋になり、発酵を管理するのがとても難しいそうです。こうしてできあがったフナズシを、頭屋が神前で切り分けた後、切り身を合体させ元のフナの形にします。神事の終了後、フナズシは参列者に分け与えられます。

この神事は次のように分析することができます。春に稲魂を運んできた魚は、その稔の米と合わさり、全てが始まる正月に切り刻まれ（死）、そして合体（復活）し、新たな稲魂を運ぶ。そして、新たなパワーを村人に分け与える。また、この神事でフナズシにするために使われる米が、新米であることも、フナズシの性格を考える上で示唆的です。現在は、夏に御飯に漬け込みますが、夏は前年の米が底をつきかける季節です。夏に、フナズシを調整するようになったのは、新しい文化の可能性があります。とすると、フナズシが食べられるようになる季節は今とは異なり、春から夏にかけてであり、豊作を祈る神事用として、特別にお正月に供せられたのかもしれません。

水田にやって来る魚を獲る文化

水田にやってきた魚を、農民はただ愛でていたわけではありません。当然のことながら、漁獲の対象としてきました。水田に入ってきた魚は、フセカゴとか、オウギと呼ばれる籠を上から被せて獲ったりします。

当然のことながら、水田が傷みますので、自分の水田ではやりません。他人の水田で漁をしますが、その水田の持ち主は、表だってこの行為を咎めることができなかった、という話を聞いたことがあります。

オウギ（東近江市柴原南町）

ここには、水田の魚は神様の下されものであり、その水田の持ち主の所有物ではない。という心象が働いていたためと考えられます。いずれにしても、水田で魚を獲ることは、稲作上リスクがあります。しかし魚は獲りたい。どうすればよいか？　魚は排水路を通り、水田にやってきます。そうであれば、排水路に魚を獲る罠を仕掛けておけば、労せず魚が手に入るはずです。そして、琵琶湖およびここに接続する水界では、漁具のなかに入った魚が、後戻りできなくなるような仕組みを組み込んだモジ、モンドリなどと呼ばれる陥穽《かんせい》漁具類が発達しました。ドジョウやゴリをとる小型のものから、大

水路のモンドリ

きなものは河口付近を遮断して魚を獲る川エリまで、実に多様な漁具が用いられています。

これらの漁具のコンセプトは「待つ」です。漁具を仕掛けておけば、後は魚が入るのを待つだけですので、漁業者が漁具の側に常在する必要はありません。しかも、漁具に入った魚は、漁具のなかで生きています。このような漁具の特性から、漁場が水田もしくはその周辺で、しかも、漁を行うのが農民であれば、農作業をしながらでも漁を行うことが可能となります。また、漁具には、季節的な選択性はあるものの、基本的には排水路を泳ぐ魚は何でも入ります。漁具を構成する胴部を細かく編めば、モロコ類、エビ類、タナゴ類、ハゼ類、コアユ、オイカワ等様々な小魚も混獲されます。

多様な魚食文化を生み出した水田漁業

水田および排水路で行う漁業を、水田漁業と呼ぶことにします。これまで観てきたように、琵琶湖の湖岸の水田地帯では、陥穽漁具を駆使した水田漁業が発達してきました。この担い手は多くの場合農民であり、商業的な漁業ではなく、自家消費と周辺消費を賄う程度の漁業でした。このような漁業の特性が、実に多様な魚食の文化を生み出してきました。

小魚を食べる文化

陥穽漁具を使った水田漁業の特性に、小魚も獲れると言うことがあります。また、自家消費を主とした漁ですから、獲れた魚は何でも食べる、ということが前提となっています。ここに、小魚も余すことなく工夫して食べるという食文化が培われました。

海の魚を対象とした小魚文化としては、シラスを対象としたもの、キビナゴ、イカナゴ等がありますが、種類は限られています。これに対して水田漁業に関係しそうな小魚としては、ドジョウ、小ブナ、ウグイの稚魚、オイカワ、タナゴ類、コアユ、ヨシノボリ類、モロコ類、スジエビ等がいます。そしてこれらの小魚を対象とした料理としては、醤油と甘味料でじっくりと煮る、いわゆる佃煮類が代表的なものです。天ぷら類もありますが、これは、油脂類がふんだんに出回るようになって以降の、比較的新しい食文化ではないかと考えています。

スゴモロコの佃煮

この水田漁業によって得られた小魚を食べる食文化は、琵琶湖の漁業にも影響を与えたと考えられます。琵琶湖本体の漁業と食文化の特徴としても、小魚を選択的に漁獲する漁法の発達と、これを食べる文化をあげることができます。琵琶湖では、数センチしかないイサザや、コアユの稚魚であるヒウオは元より、数ミリしかないウロリを集約的に漁獲する漁法が盛んに行われています。

これらの漁法には、繊細な繊維を用いた蚊帳のような網や、目の細かな簀や網で構成されたエリ等の、高度に発達した大型の漁具が用いられます。これらの漁具の初源は明らかではありませんが、常識的に考えれば、比較的新しい技術の元に考案された漁具と考えられます。水田漁業によって得られた小魚と同じように小さい魚が琵琶湖にいる。これを何とか獲りたいという人間の欲望が、琵琶湖の漁業を発達させたと考えられます。

畑の作物とのコラボレーション

琵琶湖の魚料理の特徴に「何々豆」と「何々のジュンジュン」があります。「何々豆」は琵琶湖の小魚を大豆と一緒に、醤油と甘味料で炊き込んだ料理で、代表的なものとして「エビ豆」があります。この他にも、「イサザ豆」「ヒウオ豆」「シジミ豆」「ウロリ豆」などの料理があります。何故、大豆と小魚が組み合わさった料理が発達したのでしょうか？　これも、農民が漁を行う琵琶湖の漁業形態が大きく影響をしていると考えられます。大豆は、自家生産される調味料である味噌の主原料です。このため、農家では一定量の大豆の生産が古くから行われていました。特に、畦豆といって、水田の畦に豆を植え、利用することがごく最近まで普通に行われていました。このように、ふんだんに自家生産される大豆と、これも自家生産される小魚が合わさることは、容易に想像できます。

同じように「ジュンジュン」も評価できます。「ジュンジュン」とは、琵琶湖の魚と畑の野菜を組み合わせた鍋で、醤油と甘味料で味濃く仕上げたすき焼き風の鍋、出し汁を多く張った寄せ鍋風の鍋、少なめの出し汁で煮、卵でとじる柳川風の鍋等がありますが、近江では全てジュンジュンと呼んでいます。対象となる魚は多種類に及びますが、「ウナギのジュンジュン」、「イサザのジュンジュン」等が比較的多く賞味されているようです。この他にも、コイ、ナマズ、ビワマス等の大型魚を切り身にして用いるジュンジュンも賞味されています。

ウナギのジュンジュン

ジュンジュンの主役は魚ですが、影の主役は畑の野菜であったり、豆腐であったりします。これも、農民が漁を行う水田漁業があればこその料理と考えられます。最初は、水田近くにやって来たコイやフナを対象としていたものが、徐々に様々な魚を対象としたジュンジュンに発達していったのでしょう。しかし、「畑の野菜と魚の組み合わせ」という原則は堅持され、現在に至ったものと考えられます。

生で食べる魚食文化

琵琶湖の魚食文化の大きな特徴に「淡水魚の生食」があります。一般に魚を生で食べる地域は世界的に見ても限られ、日本で独自に発達した食文化とも考えることができます。

しかし、生食の対象となるのは多くの場合、海産魚で、淡水魚の生食はほぼ「コイの洗い」に限定される、と言っても良いかも知れません。淡水魚の生食が敬遠される原因には、淡水魚の身が泥臭い、生臭い、と言った偏見と、寄生虫に対するリスクが考えられます。

ところが、琵琶湖ではそんなことはお構いなしで、多くの魚が生食の対象とされます。三枚におろすと身が残らなくなるような小型魚も骨ごと、皮ごと刻み、生食されます。例えば、ウグイやハスのような細長い魚は、薄く輪切りにした「車切り」で賞味されますし、小型のフナは細く刻んだ「ジョキ」で賞味されます。コイは勿論生食されますが、洗いの他に造りでも食べられます。また、コイの魚卵を茹でて、絞り、ほぐしたものと和える「子まぶし（子造り）」も広く食べられています。また他の地域では余り生食の対象とはされないフナ類も、造り、洗い、子まぶし等に調整されます。ナマズ、特に固有種のイワトコナマズの造りは希少な絶品として賞味されていますし、ビワマスの造りは近年特に評価が高まってきた佳品です。

何故、このように多様な生食文化が琵琶湖で育まれてきたのでしょうか？　魚の生食は和食の華であり、和食の原形は京の馳走にあると考えられます。馳走とは、八方手を尽くして食材を調達し、客をもてなすことに発する言葉で、そこには客に対するサプライズの演出が欠かせません。このために、物流が未発達な時代にあって、魚の生食は最高の馳走であったはずです。この京の食文化の影響が、隣りの近江に及び、近江の豊かさが、これを近江流の馳走文化に変容させました。

そして、馳走を提供する主体者は農民です。彼らは農業の合間に、陥穽漁具を用いて新鮮な魚を自家供給できる環境にあります。つまり、漁業者から魚を購入するという、手間と経費を省いて、魚を馳走することができたのです。文献的にはコイの生食が古くから現れますが、一旦生食の味を覚えた後は、次々とその対象魚を増やし、調理法も工夫し、現在の生食文化が形

ウグイの車切り

成されたと考えています。近江では、ビワマス以外の魚の生食の調味料は、判で押したようにドロズ（酢味噌）を用います。これは、醤油以前の調味料として味噌と酢が主体であった名残と考えています。つまり、琵琶湖の生食文化は、日本の古い食文化の姿を留める貴重な文化なのかも知れません。

ナレズシの文化

前段で、日本の稲作文化のなかでのナレズシを評価し、ナレズシとは「神の世界から稲魂を運ぶ使者としての魚と、稔りの米が融合した聖なる食品」と意義付けました。とするならば、琵琶湖において稲魂を運んでくれる魚は、現在のフナズシの素材として珍重されるニゴロブナに限る必然性はありません。春から初夏にかけて、琵琶湖から水田に向かってやって来る魚は、全て稲魂を運んでくれる力を持った魚と言えます。そのなかで味わい的に最も優れた子持ちのニゴロブナが、ナレズシの代表としてクローズアップされることになったのでしょう。従って、多くの魚達が、ナレズシになる資格を持っているはずです。実際、琵琶湖の周辺では、実に多様なナレズシが見られ、その多くが行事食、つまり神に捧げる神饌として継承されています。その代表的なものとして、三輪神社（栗東市大橋）の神饌として調整される、ドジョウとナマズのナレズシ。栗東市　菌《くさびら》神社の神饌として調整される雑魚のナレズシ*。高島市マキノの坂本神社の神饌として調整されるウグイのナレズシ。同じくマキノ唐崎神社の祭礼の際に造られるハスのナレズシ等があります。このほか、発酵の期間を短縮した生ナレズシとして、ハスゴのメズシ、オイカワのチンマズシ等がありますが、いずれも神社の祭りの時の行事食として作られていたのが、日常食に変化したとのことです。

このように、琵琶湖周辺では実に多様なナレズシ文化が息づいており、全国的に見ても実に個性(湖性)豊かな食文化といえるでしょう。

高島市マキノ町上開出坂本神社ウグイのナレズシ

何故、このように多様なナレズシ文化が琵琶湖にあるのでしょうか。石毛先生が分析されたように、ナレズシが発達するためには四つの要素が揃う必要があります。一、豊富な魚。二、豊富な米。三、豊富な塩。四、乳酸発酵を促進させる暑い気候。琵琶湖は、一、ウオジマの魚。二、中世太閤検地で全国二位の石高を誇る抜群の生産性。三、塩の生産地である若狭、伊勢に近い立地。四、そして温暖な気候。このように、琵琶湖はこの四要素を全て兼ね備える、日本唯一の地域と言えるでしょう。

しかし、近江のナレズシ文化は、この様な客観的な環境に加え、農民が漁業を行う水田漁業の定着という側面を外して考えること

＊ハス、コアユなどを二～四月に塩漬けし、飯漬けは十日間という生ナレズシ。

はできません。そもそも、ナレズシの調整には米が欠かせません。米を生産する農民が、魚を獲る漁民でもあることにより、魚・米の双方を自給できる農環境と漁場環境を兼ね備えていればこその文化です。そして何より、琵琶湖に人間の幸福を司るカミの世界があると、素直に信じてきた精神的な風土が琵琶湖にあることもその大きな要因なのでしょう。

琵琶湖と水田が生み出した食文化

琵琶湖の周辺に継承されてきた魚を食べる歴史と文化を紹介してきました。魚は日本中、世界中で食べられているわけですが、そのなかでも、琵琶湖の魚を食べる文化は、とても個性（湖性）的だと考えています。その個性（湖性）を形成した最も大きな要因は、琵琶湖が真水の湖だからです。しかも巨大な真水の湖ですから、水を介して琵琶湖と内陸が有機的に絡まりあった水界を形成し、この水界に人間を始めとする様々な生き物もまた、有機的に絡まり合いながら生きている。この複雑な生態系のなかに、真水に立脚した水田稲作が位置し、ここに必然的に水田漁業とも言うべき、漁業と稲作が一体となった生業形態が生まれました。このうち、漁業部分が琵琶湖本体に進出し、専業的な琵琶湖漁業を生み出すことになります。しかし、琵琶湖漁業の底辺に流れるのは、水田漁業のコンセプト「待つ」漁法です。エリ漁、ハエナワ式筌漁が主たる漁法となっていることが、このことを示しています。

琵琶湖の漁は、農を抜いて語ることはできません。従って、漁によって得られた魚の「食」

も、農と密接に関連し、他の地域に見られない、豊かなで湖性的な食文化を形成してきました。

ここで、改めて想起しなければならないことがあります。それは、琵琶湖の魚を食べる、と言う行為が、琵琶湖に命を委ねている。ということを体感する行為であると言うことです。食が溢れる現代にあって、琵琶湖の魚を食べる必然性はほとんど無い、と言っても過言ではありません。しかし、それは、生体を形成し維持する栄養補給、という無機質な価値観です。人間を、琵琶湖が形成する水界に依拠する生物群の一構成員として位置づけて考えれば、人間は、魚を育て、稲を育てる水に依拠している、一生物にしか過ぎません。魚の命を支える水は、人間の命を支える水でもあります。仮に琵琶湖に魚が住めないようになっても、恐らく人間は、科学力で琵琶湖の水を浄化し、飲料水とするでしょう。しかし、私はそんな水は飲みたくはありません。魚が泳ぐ水を共に飲みたいと切願します。

琵琶湖の魚を食べる現代的意義は、琵琶湖と魚と人との歴史と文化を踏まえ、魚を獲り、食べることにより、人も、魚も、ともに琵琶湖に依拠して生きる「生物」であることを体感することだと考えています。そして、そのことが、魚も、人も、琵琶湖も、ともに元気になることではないでしょうか。

魚のゆりかご水田プロジェクト

近年、ほ場整備事業により水田と用水・排水が分離され、魚が琵琶湖から水田に遡上することができなくなってしまいました。このことが、琵琶湖の魚資源の減少の一因にもなっています。

そこで滋賀県農政水産部では、魚と共生する水田を復活させようと、二〇〇一年度から「ゆりかご水田プロジェクト」を立ち上げ、排水路に魚道を設置して水田と結んでみました。すると見事に魚達が水田に遡上し、産卵を始めたのです。

一度、経費を掛けて整備した水田の一部を毀して旧に復するという行為は、行政的には勇気の要る行為です。しかし、人間は完璧な生き物ではありません。間違いも犯します。間違いを間違いと認め、より適切な環境を作ることは、決して税金の無駄遣いではないと思います。

水田に遡上するコイ

パネルディスカッション

「文化としての湖魚食」

とき　平成26年3月23日(日)

ところ　琵琶湖湖上（琵琶湖汽船「ビアンカ」船上）

パネラー　**石毛 直道**

原田 信男

大沼 芳幸

司会　**篠原　徹**（滋賀県立琵琶湖博物館館長）

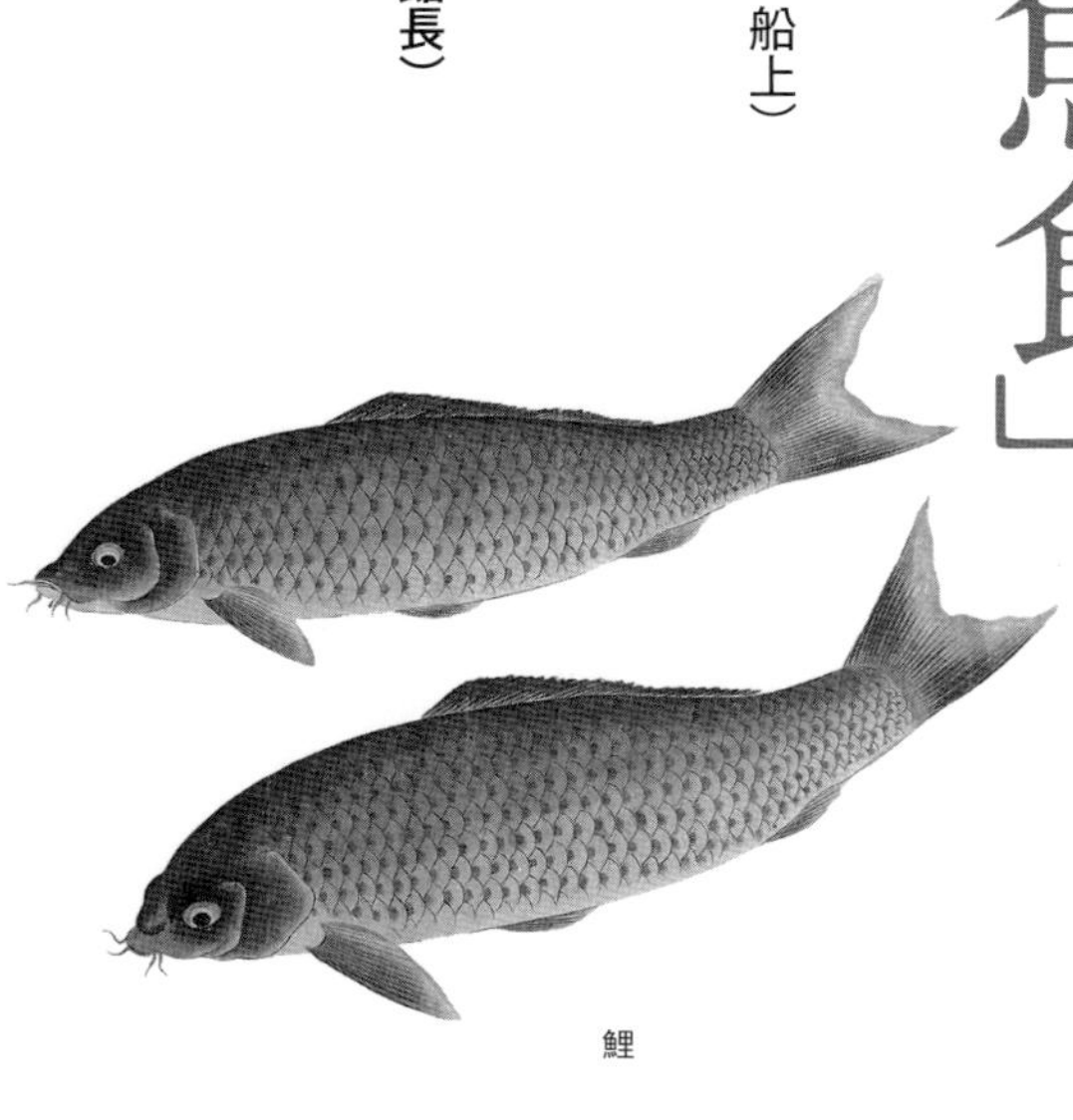

鯉

篠原　今日は「琵琶湖を味わう湖上フォーラム　誕生！琵琶湖八珍」の催しものをさせていただきましたが、午後からは「文化としての湖魚食」ということでご講演いただいた先生を中心にして、パネルディスカッションをさせていただきます。

司会をしますのは琵琶湖博物館の篠原です。パネラーは石毛先生、原田先生、それから安土城考古博物館の大沼さんの三人です。

日本酒、米に合う琵琶湖八珍

篠原　午前中のお話を中心にして、私からいくつかお聞きしたいこととか提案を話します。

まず一番目に、琵琶湖八珍を食べていただいて、何が美味しかったか、また八珍全体の評価をしていただきたいと思います。

ちなみに石毛先生は小松左京さんの命名である「大食軒酩酊先生」と言ったほうがいいのかもしれませんけど、二、三日前の「天声人語」に第二四回南方熊楠賞*を受賞されたということが載っておりました。改めておめでとうございます。

南方熊楠賞は世界的な粘菌学者であった南方熊楠を記念して、博物学とか、民俗学、人類学の研究者に贈られるもので、食文化研究を人類学的なフィールドワークに基づいて、非常に高い位置に押し上げたパイオニアが石毛先生であり、今年度の受賞者が石毛先生であります。

篠原徹館長

＊平成二六年五月十日授賞式が行われました。

では石毛先生から、今日の琵琶湖八珍についての感想なり、最もうまかったものはどれかとか、酒に合うものはどれかとか、その辺を教えていただければと思います。

石毛　いま南方熊楠賞を受賞されたとおっしゃいましたが、まだ受賞していません。それの記者発表があったということで、五月に受賞致します。

私はいま紹介されたように、大食らい、それから大酒飲みなわけです。そこで今日の出た料理、全部食べてみました。それでまたお酒もずいぶん飲みました。ちょっとほろ酔いです。全部食べて酒が進むというのは、私にとってはみんなおいしかったということです。

琵琶湖の周りの人だけではなくて、日本中の人に、こういった琵琶湖のおいしいものをもっと知ってもらいたいなと思いました。どれもまたお酒に合っていました。

篠原　次にお伺いする原田先生は『歴史のなかの米と肉—食物と天皇・差別』＊を一九九三年にお出しになり、肉と米の位置付けを日本文化のなかで定位された方です。

では原田先生、お願いします。

原田　先ほど冒頭にお話ししましたように、私にとって近江は非常に懐かしいところでありまして、四十年前に来たときもホンモロコだとかその佃煮とか、非常においしくいただきました。

今日あらためて選定された八珍をいただいて、私もどれもおいしかったし、もちろん僕もお酒大好き人間なんですが、一番思ったのはやはりこれらの八珍

＊二〇〇五年に平凡社ライブラリー版として復刊。

ホンモロコの佃煮

がご飯と合うということです。

今日のシジミご飯もおいしかったんですが、白いご飯で八珍を食べたら八珍それぞれのおいしさがさらに引き立ったかなと思います。

実はお酒というのも主食と関係していまして、ヨーロッパであれば、ワインはちょっと別ですが、ビールとかウイスキーになるわけで、日本であれば日本の主食である米からつくった日本酒が、それぞれ代表的な酒となるわけです。

だからお酒を飲みながらつくづく思いましたのは、琵琶湖を有する近江で、琵琶湖で獲れた湖魚を使って、ご飯で食べてもお酒で食べてもおいしいという料理を、よくここまでつくり上げたと思います。

日本の食文化は現実的には地方が支えているわけですから、その地方が支えているものの一つとして、琵琶湖の八珍を今回推奨されたのは非常にいい試みだと思いますし、その成果を十分に堪能させていただきました。ありがとうございました。

篠原　どれがおいしかったですか。

原田　そうですね。僕はわりと小魚が好きなので、ホンモロコだとかイサザだとか、あの辺は非常においしくいただきました。もちろんフナズシも久しぶりに堪能させていただきました。

篠原　どうもありがとうございます。

大沼さんは先ほど八珍についてお話していただいたので、話を次に進めさせていただきたいと思います。

シジミ御飯

米だけのナレズシと麹をつかうナレズシ

篠原　石毛先生は一九九〇年に『魚醤とナレズシの研究』*を書かれていますが、東南アジアの魚醤やナレズシを食べ歩いておられるのを実にうらやましく思っており、石毛さんはご自分で「鉄の胃袋」とおっしゃっていましたけど、私はむしろ「歩く胃袋」かなと思います。

さて最初の質問に進みます。私は琵琶湖博物館に来て四年になり、昨年と本年度の二度、自分自身でフナズシを漬けてみました。去年は二〇匹、今年は六〇匹漬け、去年はかなり高い評価を得たんですけど、今年は全然駄目でした。どうしてかなと思っていますが、それはともかくとして、フナズシは琵琶湖沿岸でも各所で漬け方が少しずつ違うんです。

私は彦根の漁師さんの方法で漬けたんですけど、湖北の方に麹を使うところがあります。それからナレズシの対象魚はフナに限らず、海魚であるサバなんかも湖北では使うということがあるんですが、この米と麹というナレズシの二系統は起源や伝播のルートが、そして伝播の時期が異なるものなのでしょうか。

石毛先生自身も秋田のハタハタの麹漬け、あるいは金沢のかぶらずしなど、いずし系統のものが朝鮮半島のシッケと似ており、環日本海を取り巻く分布を示しているとおっしゃっている。そうすると、それはかなり後から入ってきたものではないかとおっしゃっていますが、湖北の麹も含むナレズシと、使わないものとは、入ってきた時期や系統が違うものか、あるいはハタハタの麹漬け

＊49頁参照

なんかと似たようなものが後からまた入ってきて、重なっているように見えるのかどうかということを、少しお聞きしたいなと思います。

石毛　私は麹を使わないのが元々のナレズシのつくり方だと思うんです。麹をナレズシに使うのは日本海側の北陸から東北地方にかけてであって、朝鮮半島から入ってきたんだという考え方もあるんですが、私はそう考えなくてもいいんじゃないかと思います。

まず最初のナレズシというのは、ご飯だけでつくっていた。それで麹を使うというのは、のちに中国、朝鮮半島から麹を使用して酒をつくることが伝えられてからだという考えがあります。昔は口かみ酒で、それから麹を使う酒が後に入ってきたという説です。

例えば古代に朝鮮半島から須須許里《すすこり》という人が来て、どうもお酒を改良したらしいと。それで、それまでの口かみ酒だったものを、麹でつくる酒を古代の朝廷に伝えたという説もありますが、私はどうもそれに賛成しないんです。

といいますのは、麹を使って酒をつくる習慣は、日本に稲作が入ってきたとき、すでに中国にあったんです。米の使い方としての一番はご飯にして食べることですが、次に重要な使い方として、いろんな行事やお祭りと関わりのあるお酒があったのです。

そうすると麹を使う酒のつくり方も、日本に稲作が伝わったとき入ってきたと考えた方がいいんじゃないかと思います。ただし麹をつくるのは大変ですから、民間の習慣として口かみ酒が、特にへき地に残ったということを考えたいと思います。

つまり麹は古くから日本も知っていたわけで、大きな家だとか、都市や宮廷では麹を使ったお酒をつくっていたのですが、麹を自分の家でつくることは大変なことです。

そこで麹座というものができます。これは中世には大変発達するわけですが、これは日本だけの習慣で、麹を専売する業者ができるわけです。

日本の麹は、中国や朝鮮半島の伝統的な麹のつくり方ではなく、撒麹《ばらこうじ》という、米粒一つずつに麹を付けるわけです。ところが中国などでは、米ばかりではなくて、小麦を砕いたものを水で練って、れんが状にして、それに麹を付ける餅麹で、クモノスカビやケカビなどが混在しています。

それに対して日本の麹は撒麹で、米粒一粒一粒に付けて、それもアスペルギルス・オリゼという一種類の麹を使い、それの麹の胞子だけを使うため、高度に発達した麹専門業者というのができて、それが中世から麹だけを売る商売が発達し、麹をナレズシに使って、発酵を早めたりしようということになったんではないでしょうか。

麹を入れてつくるナレズシというのは、日本海側のかなり雪が降ったり、気候が寒いところのものです。そういったところで発酵を促進させるために麹を使用するようになったのです。

ナレズシは、またつくり方にいろんなバリエーションができてきます。たとえば琵琶湖を北にさかのぼった、日本海側にある若狭湾ではサバやイワシなどを、塩とぬかに漬ける「へしこ」というのがありますね。要するに魚のたくあん漬けみたいなのをつくるわけで、これが名物になっていますが、これは焼いても、そのまま生で切っても食べられる。

そういったいろんなバリエーションができてきますけども、やはりナレズシの基本というのは、日本へ入った初めは、ご飯と塩漬けの魚。中国の古代から、あるいは東南アジアでいまでも伝統的な、それと同じだったんじゃないかと私は考えます。

篠原　分かりました。ありがとうございます。

そうすると秋田のハタハタ漬けにしても、金沢のかぶらずしにしても、麹を使う前のかたちがあったかもしれないということですね。

いまのことは、また少し後で関連したことを繰り返しお聞きしたいと思います。

沖縄には魚醤・豆腐ようなどの発酵文化はあった

篠原　さて石毛先生が最近お書きになった『世界の食べもの』*には、「ナレズシの伝統的分布」というのがあります。これによると点線の部分はかつてナレズシが存在した地域となっており、沖縄や海南島が入っています。

実は私も長い間、海南島のリー族の調査をしていて、海南島へ行ったことがあるのですが、実は海南島では現在でもナレズシを川魚などでつくっています。石毛先生、是非地図**を訂正していただきたいなと思っております。

また沖縄にはかつてナレズシ文化があったという証拠はあるんでしょうか。実は沖縄は漬物がないとか、食文化上のことで非常に大きな特徴がありますが、

＊二〇一三年、講談社学術文庫

＊＊47頁の地図参照

沖縄にかつてナレズシがあったとすれば、これは川魚ではなく海魚かなというふうにも思うんですが、その辺はどうなんでしょうか。

石毛　実はあれは大変大きなスケールで描いた地図だから、沖縄や海南島をうまく表現できていません。例えば海南島だけじゃなくて、台湾もナレズシがございました。ただ台湾の場合は、台湾の先住民の人々は水田稲作じゃなくて、もともとはアワなどを作っていましたから、アワのナレズシです。

それから沖縄は、ナレズシがあった証拠を私はよく調べていないから、そう言われればナレズシ文化はなかったかもしれませんね。

実は沖縄は稲作が本当に進まなかった場所です。沖縄のほとんどはサンゴ礁の島です。サンゴ礁というのは、水田をつくるには大変不利な地質の場所です。そこで沖縄の人口が増えたのも、これはサツマイモが入ってからなわけで、その前は雑穀を作ったりしていたのですが、水田稲作文化の本流というのは、どうも入らなかった。ですから、ナレズシは伝統的になかったんじゃないかと私は思います。

篠原　ありがとうございます。

いまのお話は原田先生のお話とも関係していて、『歴史のなかの米と肉』のなかに実は石毛先生が今おっしゃったことの後半部分が書かれています。

稲作の「海上の道」の説は、いまはほとんど否定されていますが、ただ海上の道でやってきたのは、大唐米、赤米の可能性があるんじゃないかと原田先生もお書きになっていますけど、それを除けばほとんど否定されていて、朝鮮半島経由、あるいは江南から直接やってきたという話になっています。

原田先生の著作の第六章「米と肉と国家領域」のなかに、沖縄における水田の比率は相対的に低く、十七世紀初頭では三〇％で、それ以降は、畑地の面積は増えるものの、相対的に水田はどんどん下がっていくと書かれています。

だからそれ以前では少し考えにくいんじゃないかなと私も思ったんですが、これも絡めて原田先生に、国家領域との関係、あるいは沖縄に漬物といわれる食文化が存在しないということも含め、お話をお伺いできればと思います。

原田　いま沖縄の話になりましたが、実は私、昨年度四月から九月まで研修の機会が与えられたので、半年間沖縄で暮らしました。

というのは、私は元々北海道の大学に十五年おりまして、それで東京に戻ってきてから十二年になるんですが、北海道に着任した年から、もう反対側の沖縄が気になって、ずっと沖縄通いはしていたんです。しかし旅行者で行くのと、半年でも住んでみるのとは、だいぶ違います。

北海道と沖縄では似ているところもありますが、やはり違うところもあります。似ているところというのは、両方とも元々は日本の領域ではないということです。私の今日の話で冒頭に「南北三千キロ」という話をしましたけれども、実際に古代の律令国家が支配した地域というのは、本州全域に及んでいないのです。

まさに北の多賀城なんていうのは出先機関でありまして、まさに関東という言い方がありますけど、陸奥国は非常にみちのくの国であって、あそこが完全に日本の国家領域に入ってくるのは平安も終わりぐらいの時期なんです。

同じように、南の方はどうかというと、これもせいぜい入って鹿児島の先の屋久島、種子島までは入っているんですが、それよりも南の方は日本の側に入っていません。

北海道も沖縄も半分日本に入るのは江戸時代の初め、江戸幕府が成立したときに、北海道は松前藩を通じて支配の下に入るし、沖縄は鹿児島藩を通じて日本に入ってくるし、その一方で中国との関係が沖縄の場合はございます。

ここがまさにいまの話の答えにも通じるところだと思うんですが、篠原さんがご説明くださったように、沖縄は非常に水田面積が少ない。沖縄にはこのこととともに、少し遺跡考古学の方も調べてきました。

最近、沖縄史に関する大発見は、喜界島の城久《ぐすく》遺跡*という遺跡の発掘で、これは九世紀ぐらいから出てくる遺跡なんですが、この九世紀の段階では、まさに日本の最南端の出張所的な基地があったところなんです。

そして最近の沖縄の考古学者が考えていることとして、十一、十二世紀ぐらいに、城久遺跡から沖縄の方に農耕が入ってきて、それがさらに沖縄に伝わり、重要なグスク文化の時代、農耕文化をつくり上げてきたんだという話になっております。

ですから、柳田が『海上の道』で南から伝わったというのは僕も間違いだと思います。そもそも彼は『海上の道』で、宮古島の宝貝が中国との交易で始まったと書いていているんです。

ところが私は宮古島へ行ってみると、私はもともと水田の専門家ですから、ここで水田ができるはずがないと直感しました。宮古島はサンゴ礁の島で高低差がない、山が全然ない、水がないんです。

---

*平成十五年から発掘調査が開始され、掘立建物約三〇〇棟、土杭墓約四〇基、中国産の陶磁器やヤマト産の土師器などが確認されている。

水はサンゴ礁の地下に溜まるのですが、水くみが大変です。女性たちの労働で二〇メートルも三〇メートルも下までくみに行ってやるところですから、こんなところで米ができるはずがなく、米の文化圏ではないんですね。ですから、石毛先生のお話にあったように、私も探しましたけれども、ナレズシがあった形跡はありません。

その代わりに発酵文化として根付いているのが豆腐で作られた豆腐ようです。豆腐ようについては中国に行きますと、沖縄みたいに上品ではないですが同じようなものがあり、私はそれをマントウにつけて食べるのが実は大好きなんです。

沖縄はそういう意味でいうと、やはり中国文化の影響を非常に強く受けている。またナレズシはありませんが、魚醤はあります。ご存じかと思いますけどスクガラス*といって、一般には豆腐の上に載せて食べる塩辛です。そういう文化は入ったけれども、おそらく稲作の基盤が弱かったために、沖縄にはやはりフナズシのようなナレズシ系のものがなかったんではないかと思っております。

篠原　どうもありがとうございます。

魚食を否定しないが職業としての差別はあった

篠原　ところで原田先生の『歴史のなかの米と肉』ではいろんな重要な指摘があって、先ほどおっしゃっていましたように、六七五年の天武四年から

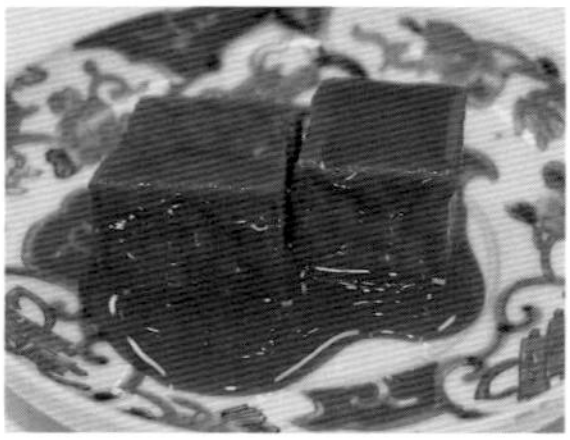

島豆腐を紅麹、泡盛などを用いた汁に漬けた豆腐よう。ルーツは明の「腐乳」と考えられている。

＊アイゴの稚魚（スク）の塩辛（ガラス）。漬け汁は煮物の隠し味に使われる。

一八七一年の明治四年まで、基本的には建前の上で肉食禁止令、実質は殺生禁断だったことの方が多いようです。

そのなかでも獣肉食と魚食についていては、この本のなかでは獣肉食について焦点が当てられており、魚食についてでは付属的に書かれている。

例えばここで原田先生は、元禄期の綱吉の生類憐れみの令に肉の禁忌が、獣肉食も含めて最も徹底していて、寛政後期になって、最もゆるむというふうにいっていますね。

近世のなかでもそういう強弱がありますが、獣肉食の禁止の強弱、魚食の禁止の強弱というのは連動しているものなんでしょうか。あるいは無関係に、独立変数として、庶民は魚食は一定程度食べていて、獣肉食だけが強弱があったのでしょうか。

というのは、ここ近江は非常に宗教との関わりを考えなくてはいけないところなので、その辺を質問させていただきます。

原田　私は底流にはずっと魚食はあったと思います。ただ獣肉食と連動してかどうかは難しい問題ですし、ひょっとしたら反比例していたかもしれません。つまり獣肉食禁忌がきつくなれば魚食の方に向かっていた可能性はありますが、これは史料的には実証できておりません。

ただやはり仏教との問題なんですが、魚食そのものは否定しないんですが、魚を獲る人は差別されるんですね。私の見ていた資料では、神奈川の相模川辺りでは、魚を獲る漁師さんのことを「殺生人」というんです。「殺生人」と呼んで、やはり差別している。

実は広く魚は食べられてはいるんですが、やはり獲る職業としては差別されていますし、確かルイス・フロイスが十六世紀後半の日本を見た記録のなかにも、やはり魚を獲る人は差別されるみたいな書き方をしております。そういう意味では、一つの社会的な理念的な批判としては魚獲りという行為自体よろしくないと。

これは仏教徒との関係もあるんですが、ただ仏教徒の関係でいえば、この近江はまさに堅田に本福寺があったように、浄土真宗が強いところです。もちろん比叡山系の旧仏教も強いんですが、もう一方で浄土真宗系の影響も強くて、今日お話しした親鸞の教えというのは、まさに殺生人を救うという教えですから、むしろそういう魚食の民は、宗教的には救われる構造みたいなものがあったのではないかと思っております。

篠原　この近江は、南部になればなるほど天台宗が多く、それから浄土宗がその後に教線を広げて、湖北に行くと浄土真宗が教線をものすごく拡大しています。これは細かい話ですけど、天台宗、浄土宗、浄土真宗では、獣肉食、あるいは魚食に対して肯定とか否定とか、宗派によっていろいろ違うのでしょうか。

原田　先ほど申しましたように、浄土宗、浄土真宗系の、いわゆる鎌倉新仏教は、わりに獣食や魚食の禁忌が弱いと思います。天台宗は旧仏教で、逆にお坊さんたちはお米を食べていましたから、逆に言えば、非常に上質なタンパク質を摂っていたので、肉食全般に対する忌避は非常に強いと。

ただ僕は単に近江の場合は、やはり比叡山領の荘園があったということで、そこの鎮守みたいな神社とお寺との、荘園領主との関係が非常に密接に絡みます。天台宗が強いというのは、荘園領主としての比叡山がこの近くに、まさに膝下荘園をたくさん持っていたということと関係していることなのだろうと思っています。

篠原　そうですか。どうもありがとうございます。

フナズシはニゴロブナだけではない

篠原　さて大沼さんにお聞きしたいのですが、これはまた細かい話になりますが、骨が硬いといわれるゲンゴロウブナでも二年間漬ければ大丈夫だよといいますけど、前近代でもずっとニゴロブナだけを漬けていたんでしょうか。それともゲンゴロウブナだったんでしょうか。

安藤広重の「東海道五十三次」の大津の場面に、「源五郎」と書いた図も出てきますよね。

大沼　なんせその当時生きていませんので、よく分からないんですけど。

先ほども申したように草津市津田江の天満宮*で正月に行われるすし切り神事で使われていたフナズシは、巨大なゲンゴロウブナでした。普通フナズシは土用の頃、古米に漬けますが、そのお祭りのフナズシは新米を使うので秋に漬けます。ですから、温度が高くないため、なかなか発酵しないので、保温など、発酵させるのに技術が必要です。

篠原　えっ、秋のフナを獲ってですか。

大沼　いや、春に獲って塩漬けし、お米は新米を使うので、秋にフナズシを漬

*84頁参照

瀬田川橋たもとの茶屋の看板

けるのです。

篠原　漬ける期間は。

大沼　短いですね。それをお正月に食べるのですから。

篠原　でもゲンゴロウブナは硬いんじゃない。

大沼　ええ。でも三十年程前はやっていました。とてもでかくて分厚い卵を持っているゲンゴロウブナでした。ですから、ニゴロブナを珍重するようになったのは、わりと新しいんじゃないかなという気がします。ニゴロブナは簡単に骨が軟らかくなるという特性もありますし、卵もぱんぱんに持っていておいしい。そういうことで、商品としてフナズシが流通するようになるに従って、ニゴロブナの需要が高くなり、確かにおいしいから、「やはりフナズシはニゴロブナに限るね」となってきたのかなという気がしないでもないんですけど。

篠原　そうすると前近代は、ゲンゴロウブナも、ギンブナも、ニゴロブナも、三つとも漬けられていた？

大沼　と思います。

篠原　なかなか証拠が難しいですよね、これは。

大沼　なかなかね、そういうものが考古学的に出てきたらいいんですけど、出てくるわけではありませんので。

篠原　ああ、そうですか。

フナズシの季語はなぜ夏なのか

篠原　ところで、私は最近俳句に凝っているんですが、与謝蕪村は俳句で鮓の句をよく詠んでいて、私が数える限りだと少なくとも十七句あるんです。このはっきり鮒鮓とわかる句というのは、気が付かなかったんですけど、蕪村の研究者によると、全部これは夏の句なんですよ。

蕪村は十八世紀の後半、天明のころに亡くなるわけですが、句は夏に詠まれているようなのです。

つまり、フナズシは寒中に漬けて、夏食べる習わしであったんではないのかと、私は思っているんです。というのは、句は全部夏に詠まれているので、いまのような漬け方で夏食べたとすれば、それはハスズシやウグイズシみたいな、二、三週間の「生なれ」ということになると書いている＊ものもあります。

でも私が疑問に思うのは、もし「生なれ」だとすれば、ゲンゴロウ、ニゴロブナの生なれというのはあるのだろうかというのが疑問なんですが、この辺はいかがでしょうか。

大沼　どうでしょうね。

篠原　会場の方で詳しい方がおられるかもしれません。ご存じないですかね。フナズシといいますか、ゲンゴロウブナやニゴロブナの「生なれ」といいますか、ハスズシなんかと同じようなものがあるのかどうか。

私も酒飲みなので、これは石毛先生にお教えしておきたいんですが、ハスズ

＊『ふなずしの謎』近江食事文化研究会編（一九九五年、サンライズ出版　一〇八頁）

シは二日酔いには大変いいそうです。二日酔いのときは、ハスズシを食べろと漁師さんがおっしゃっていましたけど、これは「生なれ」で、二、三週間で、食べるというふうに聞きました。

「生なれ」のゲンゴロウブナ、ニゴロブナはあるんでしょうか。

大沼　いや、ないんじゃないかと思いますけどね。

篠原　そうだとすれば、夏の季語に入っているというのは、漬ける時期が全てだいたい夏らしいということで、夏に入っているものもあります。しかし鮒鮓の句を詠んだ句もありますから、それだと一年漬けたものなら夏に食べてもいいわけです。

大沼　二つ考えられるかなと思うんですけど、漬け込んだ時期が夏だから、それを詠んだのか、あるいは食べた時期が夏だとしたら、ゲンゴロウブナとか、大きなフナを漬けようと思ったら、一年ではそんなに軟らかくならないので、次の年の夏まで待って、それから食べたとか。

実際、三年もののフナズシというのもつくっているんですね。一年間塩漬けをして、二年目でご飯に漬けて、二年目の夏にご飯を全部捨てて、もう一回ご飯に漬け直して、一年後に食べると。そうすると骨まで全部軟らかくなると、そういうようなフナズシをつくるところもあります。

篠原　フナズシで有名な句というと、「鮒ずしの便りも遠き夏野哉」というのがありますけど、これはまさに夏の句で、夏に入っているんですよね。

だから夏のお盆のときに食べることもあったんではないかなと考えて、あるおばあちゃんに聞いたところ、お盆のときに食べたというんですね。

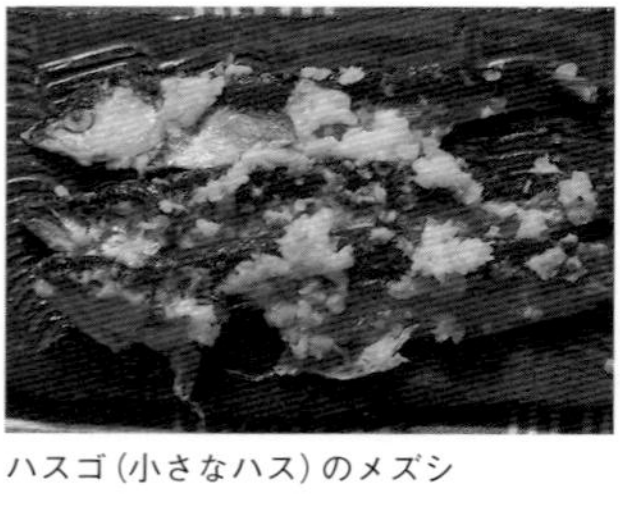

ハスゴ（小さなハス）のメズシ

大沼　ただそのフナズシは、上げてすぐ消費するわけではありませんので。半年、一年近くかけながら食べる食だと思いますから、当然夏にも食べていても、これは全然おかしくないと思うんですけど。

篠原　ああ、そうか。ずっと持っているからね。

大沼　はい。ましてやお盆は正月と並ぶ大事な農耕民族のお祭りのときですから、そのときにまた登場するというのも、かえっていいのかなという気がしましたけど。もしかすると津田江のフナズシのように、秋に新米に漬けるのが本来のフナズシで、夏になってやっと美味しくなる。というような食べ方があったのかもしれません。

篠原　この辺に関しては、おそらく異なった意見を持っておられる会場の方とか、それは違うという方がおられるんじゃないかと思うんですけど、いかがですか。

あるいはもっと広く今までの話のなかで、何か疑問がありましたら、ちょっと時間を取りたいと思いますので。この際ですから、何か質問があれば、どうぞ会場のなかからおっしゃっていただければと思います。

かつて水田は養魚地でもあった

会場　まずお昼に近江八珍のおいしい料理と、おいしい地酒、本当にごちそうさまでございました。

一つ大沼先生にお聞きしたいのですが、私は東近江の方から来た者ですけど、水田にはホタルが生息しているんです。それで先ほど水田の汚染水によって水の力が湧いてきて、アマゴが生息するというお話を聞きましたが、私は汚染水というと、すぐ農薬のことを思い出すんです。琵琶湖の生きものと農家や地域の生きものとの共存共生という点ではどのように考えていくかということです。この辺をお聞きしたいんですが。

大沼　現在では汚染というとなかなか深刻な問題ですが、先ほどの話は昔の汚染ということです。つまり農薬や化学肥料は使わないけれど、やはりお米を育てるためには肥料が要りますね。例えば琵琶湖の周りでしたら、琵琶湖の藻を採って、それを田んぼに入れて肥料にするとか、そういう生活があったんですね。

自然のなかのものを自然に戻して、それが肥料になって、それがまた流れ出てきて、また肥料になってという、グルグルと回る上手いサイクルがあった。私のお話は、その段階でのお話です。現在のように化学肥料を田んぼに入れて、大量の農薬をまいてというのは、汚染というよりも破壊だと思うんです。ですから、人力で稲作をすることは、かえって自然にとってもよかったんじゃないかと。

例えばホタルだってそうじゃないかなと思うんですけど、ホタルが増えるためには何が増えなければいけないかといえば、カワニナという貝が増えなければいけませんよね。カワニナは蒸留水で育つかといったら、育たない。やはり田んぼの、ある程度の栄養分が流れ出てくるようなところで育ちます。

いま県内に天然記念物のホタルの発生地が天野川に二カ所*ありますが、それを見にいったら、アマゴやイワナがすむようなきれいな川では決してありません。やはりフナとかコイが棲みそうな感じの川のところに、大量のホタルが

---

*米原市長岡と米原市息長

発生しています。どういうことかといえば、そこに機嫌よくカワニナが育っているということですね。そういう程度の汚染だということです。

　私は農業の専門家ではないんですけど、少しでも昔に戻そうと。つまり、よそから持ってくるのではなくて、自分のところでグルグル回すようなサイクルを田んぼでやれば、また田んぼに魚が戻ってくるし、ホタルも飛ぶようになるんじゃないかなと思います。

　ウオジマについては、漁師さんいわくですけど、魚が田んぼから流れてきた泥汁を飲むと、腹が柔らかくなって、卵を産みたくなって湖岸に寄るんだと、調査しているときに教わりました。

　でも最近は、田んぼの水が流れてくると魚が逃げて、漁にならないというんですね。だから昔の田んぼの泥汁と、いまの泥汁では、ちょっと違うものが流れているのかなと思います。

篠原　どうもありがとうございます。どうぞ、石毛先生。

石毛　いまのお話に関連して付け加えますと、農薬を使う前の水田というのは、これは米を生産する場所だけではなくて、養魚地だったと考えていいと思うんです。淡水魚を育てる、その養魚の場所であった。ですから、そこで獲った魚というのは農民の日常の食卓に上がったわけです。

　ところが魚といったら日本の場合、ほとんど海の魚のことしか記録がないわけです。なんでかな。だいたい海の魚を生きて届けられるというのは、てんびん棒で担いでいける範囲ぐらいなわけです。

　そういったところから抜けた内陸部ですね。例えば京都であれば、生命力が強いハモだけは、実際に生きたまま大阪湾から京都に運ぶことができる。

そうするとハモを淀川から船で運ぶこともあったけれど、山崎街道を通って行商人がハモを担いでいって、そのハモが山道で落ちたのを知らずに、そこへ京都から来た旅人が見て、「ああ、ハモは山で獲れるのか」と、そういった笑い話もありますが……。

あと海の魚といったら、わりと鮮魚に近い状態だったら、小浜湾で獲れたてのサバに塩をして、それをその日の朝に小浜を出て、急いで鯖街道*を通ると日が暮れる前に、京へ着く。鯖街道というのは何本もあって、山を越えてくるのもあるし、今津から琵琶湖を回ってくるのもあります。それで京都ではわりと鮮度がいい塩サバが入るので、祭りのときには、いつもサバずしをつくるということになった。

内陸部に住んでいる人が海の魚を食べる機会というのは、本当に塩干物以外はないんです。そのためお祭りだとか、いろんな行事の記録として残されたのは全部お金を出して買った魚なんです。だから記録が残るんです。そういった記録を材料にして見ると、昔の人間は魚を食う機会は年に何遍かしかなくて、タンパク質が不足だったという話にすぐなっちゃう。

ところが水田漁業というのは、田んぼという農業の場で獲る漁業ですから、べつに専門の漁師というのを必要としないわけです。だから田んぼ仕事の合間にドジョウを獲ったり、童謡にもある「小ブナ釣りし…」のように川で釣りをするというのは商品経済に一切乗らないため、記録に残らないんです。それは別に売るわけではなくて、自分の田んぼや、あるいは田んぼにつながる水路で

＊小浜—熊川—朽木—出町柳の若狭街道が代表的なルートで、今もサバずしを売る店が点在している。

捕った魚を、その日の日常的なおかずにしていたわけです。だから記録に残らない。

それで水田漁業というのが、あまり記録に残らない性質のものだから、日本人は魚を食べる機会が大変少なくて、動物性タンパクが大変欠乏していたんだという言い方をされるわけですが、養魚地としての水田というのを考えたら、ちょっとこれは違ってくるんだと思うんです。

原田　いまの石毛先生のお話は非常に重要でして、日本の食文化、料理の文化のなかで包丁式というのがあります。包丁式は現在でこそタイが使われますけど、江戸時代以前はタイではなくてコイだったんです。コイが一番重要な魚。つまり淡水魚なんです。

今日のお話のなかだと、本当は話したかったことを、時間の関係で割愛したのですが、関東の水田調査をやっていたとき聞いた話です。関東平野のど真ん中にある埼玉県の三郷では、田んぼの一番端に、五〇センチか三〇センチぐらいの直径で、同じぐらいの深さに穴を掘っておくんです。

そうするとそこに雑魚がたまりますから、それはもう手網ですくえば、コイだとか、フナだとか、ドジョウだとかが、思うように獲れたと。

そしてそれをどうするかというと、いろりの上のところに、昔は「ベンケイ」といったんですが、わらづとのところに獲ったフナやコイを刺しておいて燻製させておく。これでいくらでも持ちますから。そして食べるときには、それを戻して、煮付けにして食べるということで、いまの石毛先生のお話は、本当に非常に重要な視点だろうと思います。

マレーシアの水田で漁具を持つ少年

大沼　いま原田先生のおっしゃったことは、実は遺跡にもあるんです。大阪の弥生時代とかの田んぼの遺跡のなかには、ずっと田面があるんですけども、不自然に一カ所へこんでいる。そういう遺構があるんですね。
　それは何かというのは、まさしくいま先生がおっしゃったように、田んぼにいる魚を水を落としたときに、そこへ追い込んで獲るために、わざわざそういうものをつくっているんではないかと言う発掘担当者がいます。

前近代までは川魚の消費量は高かったのか？

篠原　どうもありがとうございます。

　いまのお話で、前から聞こうと思っていた話と関連しているので言いますけど、実は私は近江に来て、フナが刺身でも食べられるのにびっくりしたんです。普通川魚というと泥臭いというイメージが非常に強いわけですよね。

　しかし前近代は、たぶん海魚はなかなか獲るのが難しいし、外洋に出ていかなくちゃいけない。裕福な人は運んでもらうこともできるだろうけれど、日常的に食べていたのは、淡水魚で、もっと消費は多かったのではないかと思います。

　これは原田先生なんかにお聞きしたいんですけど、記録があるかどうか分かりませんけど、例えば海魚と淡水魚の比率みたいなものは、分かるものなんでしょうか。そしてどれぐらいのものだったんでしょうかということも、前からお聞きしたいなと思っていたんですが、いかがでしょうか。

原田　これは分かりません。いや、分からない理由は、先ほど石毛先生から明

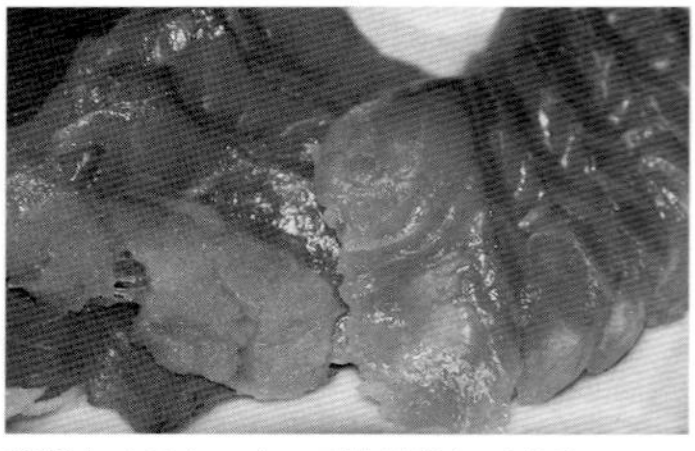

新鮮なイワトコナマズも刺身にできる

快にお答えいただいたと思うんですが、やはり記録に残らないいんですね。

ただ先ほどの、包丁式の代表がコイであったというところから考えて、やはり川魚、淡水魚ですね、これの占める位置は極めて高かったと思っておりますし、琵琶湖も中世、近世といろいろ名産品があるんですが、そのなかでも琵琶湖の川魚はたくさん出てまいります。

そういう意味では、歴史学、史料学の立場からすれば、分かりませんと答えるしかないいんですが、逆に民俗学だとか、そういった知見を応用していえば、かなり高かったといえるんじゃないかと思っております。


篠原　そうですか。どうもありがとうございます。

私はこちらに来て、どうも近江は京や大阪の陰に隠れてしまうところがあるので、よくないなと思っているんですが、京都や大阪の大消費地のタンパクを支えた、つまり米と魚を供給したのは近江ではないかと。もうちょっと偉そうな顔をしないといけないいんじゃないかなと思っています。

魚もおそらく、石毛先生がさっきおっしゃいましたけど、峠を越える魚というのは、ここは海が荒れていても、湖はそれに比べ穏やかですから、湖魚の供給は安定しています。逢坂山だけではなくて、山中越えや途中越えで、近江からずいぶん京都に淡水魚が入っていったのではないかなと思うんですけど、その辺もいかがですかね。

たぶんそういう峠を越える魚というのはずいぶんあったんだけど、湖魚もずいぶん越えていたんじゃないかなと思いますけどね。京都に出していたという意味ではね。

石毛　例えば近代の京都の料亭みたいなところで、いけすを持って魚料理をしたところがありました。それは京都の町のなかですから、いけすといっても海の潮水で飼っていたわけではないから、そうしますと琵琶湖の淡水魚の可能性がずいぶん大きいんじゃないでしょうか。

篠原　なるほど。分かりました。

大沼　琵琶湖の周辺で発掘調査をやっていと面白い傾向があるんです。発掘調査で出てくる魚獲りの証拠というと、ほとんど網の重りしかないんです。あの石や土でできた。それの出土する遺跡をずっと追い掛けていきますと、ほとんどの縄文時代の遺跡から、石でつった網の重りが出てくるんですね。

だから盛んに網で魚を獲っていたんだな、というのは分かるんですけど、弥生時代からぴたっと何もなくなっちゃうんです。たぶんそれは稲作が入ってきて、水田漁業が発達することによって、網で魚を獲らなくなった。それが反映しているのではないかなと思うんです。

それが古墳時代ぐらいになると徐々に増えてまいりまして、奈良時代ぐらいになると、またちょっとだけ増えるんです。これはなぜかというと、たぶん近江の周りのあちこちに御厨が置かれますので、そういう関係が反映しているのかなと思います。

問題は次でして、古代末から中世初めにかけますと、爆発的に出てくるんです。もうどこの遺跡を掘っても出てくるというぐらい網の重りが出てくるんです。まさしくそれは、山を越えたらもう京都なので、京都での魚の消費、それに応えるべく近江の人たちが魚を獲っていた。その網の種類も、引き網系、巻き網系、刺し網系、いろんな種類の重りが出てきます。いろんな漁法を駆使しながら魚を獲って、そして京都に供給していたんではないかなと、そう思われるような遺跡の在り方を見て取ることができます。

篠原　そうですか。ありがとうございます。

魚の保存方法―乾燥、魚醤、ナレズシの展開

篠原　ちょっと話題を変えまして、関西ではサンマずしというのがありますよね。和歌山の新宮ですか。あそこに三〇年ものがあって、サンマで同じことをやっていて、どろどろで臭くて食べられないというのがあるそうですけど、この地域にはありませんよね。

だいぶ前に亡くなられましたが、中尾佐助さんの名著『料理の起源』*によると、料理の起源のなかで魚の保存法は三つあって、乾燥する、魚醤にする、それからもう一つはナレズシにするというんです。

近江はなんといってもナレズシですが、このあたりでナレズシと魚醤との関係について、話をしたいと思います。日本のなかで、この魚醤系統は秋田のショッツル、石川のイシリなどたくさんありますよね。

そういう三つの魚の保存方法という点で考えたら、この三つは日本のなかでどういう展開をしているんでしょうか。

石毛　一番簡単な保存方法だったら、ただ内臓を取っちゃって、開いて干物にすることです。これはもうたぶん縄文時代からやっていたはずです。

＊一九七二年、ＮＨＫ出版

あとのものは塩が必要なわけです。もちろん関東地方の縄文遺跡から製塩土器なんていうのが見つかったりして、小規模な塩づくりというのは、もう稲作をする前からあっただろうと思います。

しかしながら、米を食う民族で塩を使わないところというのは、少なくとも歴史時代になってからどこもありません。塩を生産しないところでも、米を食ったら、必ず塩を遠くから持ってきて使っているのです。

それで、魚の保存法として、ナレズシのほかに塩辛の系統があるということについて紹介します。韓国語ではナレズシをシッケといいますが、塩辛系はジョッカルといいます。ジョッカルは朝鮮半島で大変発達した。といっても、大変発達したのは特に近世になって、トウガラシが入ってきてからです。

トウガラシはいろんな説があるけど、どうも日本から入ったらしくて、初めは毒があるというので、観賞用の植物みたいにしていて、本格的に使い出すのは、もう十八世紀も終わりなんです。特にナレズシや塩辛を漬けるときから、トウガラシを粉にしたのを入れるようになった。

また一方では、韓国の漬物のキムチにもトウガラシをよく使う。キムチによくトウガラシを使うとなると、塩辛をキムチに入れることになります。

トウガラシと一緒になると、トウガラシの辛みの成分のカプサイシンというのが、脂肪酸の変質を抑える作用がある。そうすると塩辛のうまみというのは、あれは実は先ほど言ったようにグルタミン酸で、それがそっくりそのままキムチに残り大変おいしく漬けられる。そこで塩辛がキムチ漬けによく使われるようになる。

そして韓国の場合、どうやらいままでナレズシの本格的研究はなかったんですが、亡くなった李盛雨《イソンウ》先生という大変親しかった方は、私がこんなことをやっているというので、ナレズシや魚醤の調査を始めてくれました。

そうしますと、ナレズシに当たるものは南朝鮮の稲作地帯にあったんです。たぶんそれが逆に北へ行ったんじゃないかと。北の方ではいまでもつくっていますし、韓国側でも東海岸、江原道、そういったところではつくっています。

そのナレズシは、例えばヒラメなんかの海の魚をよく使うんですが、それに塩をして米のご飯やアワ飯と漬けるんですが、そこのところにまた韓国流に途中でトウガラシ粉を入れるので、大変辛い。

ナレズシを示すシッヘという言葉は、いまの韓国側の南朝鮮でも昔はナレズシをしめす名称であった。ところがその言葉がいまでは魚製品ではなくて、お米を使ったマッコリとはまた違う、どぶろく系の酒をしめす言葉に変わってしまった。朝鮮半島南部ではナレズシをほとんどつくらないようになり、忘れられた食品になったからです。

なぜナレズシを南の方でつくらなくなったのか。それはまだ李盛雨さんが、「これから調べるんだ」と言っているときに亡くなって、まだはっきりはわからない。

けれども一方では、近代になってどんどん、流通の関係だとか、それから塩漬けの魚が出回ったりとかして、魚をナレズシで保存する必要がなくなったという、そういったことを李盛雨さんは考えていたようです。

同じように日本でも、実はナレズシは全国的につくっていたんです。沖縄だとか北海道を除くと。明治の初めに農商務省水産局というお役所がつくった『日本水産製品誌』*という水産加工品の調査の本があります。それを見ても、日本各地でいろんなナレズシをつくっているんです。

ただ明治になると鉄道も発達し、それから氷で海の魚を大量に、どこへでも運搬できるようになる。そうなると手を掛けて魚を保存する必要がなくなってしまう。それで全国にあったナレズシがどんどんなくなって、この琵琶湖周辺だとか、あるいは新宮の辺りだとかに残るだけになってしまったわけです。

先ほど言われた新宮の、どろどろになったサンマズシですが、あれのほかに形を残して、そのまま食べるサンマのナレズシもあります。

篠原　ああ、そうですか。どうもありがとうございました。

フナズシはかなり洗練されたもので、私はこの手のものは結構好きなんです。会津若松にはウグイのナレズシがあり、以前それをもらって冷蔵庫に入れていたら、「こんな臭い物」と女房に捨てられちゃって、食べる機会を失いました。

元々は特定の時期に大量に獲れる魚を保存した

篠原　最後にもう一つ歴史の話で、最近は青木正児さんの『酒の肴・抱樽酒話』**という、大変面白い本を読んでいたんですが、このなかには、中国ではコイのナレズシが唐の時代の『斉民要術《せいみんようじゅつ》』***に出てくるというふうに書かれているんです。

日本ではコイのナレズシというのはあったんでしょうか。この『斉民要術』

＊明治十九年に企画された「日本水産誌」編纂の一冊で、河原田盛春が編集した。

＊＊一九八九年、岩波文庫

＊＊＊六世紀に書かれた中国に現存する最古の農業専門書で十巻からなる。

のなかに、唐のコイのナレズシという記述が詳しく出ているそうで、その青木さんの本を読んでみると、製法がまったくフナズシと同じで。ただ切り身にしているので違うんですけど、コイもうまそうだなと思ったんです。

　このコイのナレズシというのはあるんでしょうか。中国のナレズシというのは、コイが多いんでしょうか。

石毛　中国の歴史的な文献に残っているナレズシのリストが、ここにお持ちした本に＊。

篠原　あ、あるんですか。

石毛　ええ。コイもよく使いますし、それからよく使うのはソウギョだとか。ソウギョなんていうのは大きい魚ですから、あんなのは全部切り身にしてナレズシにした。

　しかしながら、中国みたいな広大な国土のところだったら、淡水魚だってナレズシにして、それで長い間保存している。あるいはナレズシにしたら運搬可能になります。

　日本では先ほどの、京都の包丁式をお公家さんがやったりするから、いまだったら料理の流派。そういった包丁式で儀式的に、みんなが見ている前で魚をさばく儀式がありますが、これは先ほど原田さんがおっしゃったように、コイをもともと使っていたわけです。

　日本みたいな国土だったら、だいたいのところはコイなんか池に入れたら、それで飼っておくこともできるし。コイはやはり淡水魚の王様として一番格が高かったわけだから、わざわざ保存食にせずに、新鮮な鯉濃《こいこく》だとか、あるいは

＊前掲49頁の『魚醤とナレズシの研究』139〜141頁に一覧が記されている。

洗いにして食べる。

ナレズシというのは、そういった新鮮な状態で年中食べることのできない、どちらかといえば大衆魚を保存するためにつくられた。昔だったら、フナもそんなに高級とは思われなかったんじゃないかと思います。特定の時期に大量に獲れる魚をずっと保存しようという、そういったことでナレズシにする魚が選ばれたんです。

篠原　なるほど、ありがとうございます。そういうことだったんですね。分かりました。どうもありがとうございました。

とりとめもない話になってしまったのは、ひとえに私の責任ですけど、私自身はいくつかお聞きしたいことが昔からあったので、今日お聞きすることができてよかったなと思っています。

今日は三人の先生方に来ていただき、有意義な集中講義を聞くことができまして、大変ありがとうございました。是非近江のフナズシ、あるいは琵琶湖八珍を宣伝していただければ大変ありがたいと思います。

刊行の辞

二〇一一年、博物館同士の連携を軸に、博物館が持つ機能を広く社会に還元することを目的として、滋賀県立安土城考古博物館と滋賀県立琵琶湖博物館が中心となり「滋賀県ミュージアム活性化推進委員会」が結成されました。委員会では、民間機関とも共働し、博物館展示と連動した体験学習や文化財探訪を開催するなど、多彩な事業を展開して参りました。

そのなかで、二〇一三年に滋賀県立安土城考古博物館において、夏季特別展「華麗なる漁と美味なる食―魚・人・琵琶湖の過去・現在・未来―」と題し、琵琶湖における漁業と魚食の歴史を通して、琵琶湖と人の未来について考える展覧会を開催しました。この展覧会では琵琶湖の魚を食べる事の現代・未来的な意義について、次のように位置づけました。

「琵琶湖の魚も、人間も同じ環境の水を飲んで生きている。この水環境が悪化すれば、まず魚が死に絶え、その後、人間にも影響を及ぼすだろう。しかし、人間は科学力で魚の棲めない水でも浄化して飲料水とするだろう。このことが果たして良いことなのか？　少なくとも、魚が元気に泳ぐ水を飲みたい。このことをより身近に感じるために、琵琶湖の魚を見直し、琵琶湖の魚を食べよう。食べれば美味しい。美味しければこの魚を食べ続けたいと思うはず。美味しい魚を食べ続けるには、その魚が泳ぐ琵琶湖が健全でなければならない。魚にとって棲みよい琵琶湖は、人間にとっても住みよい琵琶湖である」

そして、食材としての琵琶湖の魚により身近に接して頂くため、琵琶湖の魚をブランド化してアピールすることとしました。そのブランド名が「琵琶湖八珍」です。もちろん、琵琶湖の魅力を広く発信するための「特産品」としての意義も付与されていることは云うまでもありません。

滋賀県立安土城考古博物館では「琵琶湖八珍」を選ぶための前段階として、「あなたと探す琵琶湖の美味しい　琵琶湖八珍」として、博物館内に一八五種類の湖魚料理のパネルとレシピを展示するとともに、同様の内容を印刷したリーフレットを作成し、琵琶湖博物館を始め、漁業関係機関などに置いて頂き、興味のある魚料理を五種選んで投票して頂きました。展覧会開催中三三五〇人から投票を頂きました。本来ならば、この得票上位から八種の魚を選び「琵琶湖八珍」とすべきところですが、上位の魚には、純粋に琵琶湖特産とは言い難い、ウナギ、アユ、シジミ、コイ等が名を連ねる結果となりました。

この結果を受け、当委員会では、委員会構成メンバーおよび有識者からなる「琵琶湖八珍選定委員会」を組織し、この検討を踏まえ「琵琶湖八珍」を選定、公表しました。

また、公表後、当委員会では、委員会構成メンバーである「まんなかの会」「颯々《さっさ》繖《きぬがさ》」の協力を得て、琵琶湖八珍を使った料理を食べるツアーを開催しました。そして、「琵琶湖八珍」選定に関する一連行事の締めくくりとして、二〇一四年三月二十三日に、委員会の構成メンバーである琵琶湖汽船株式会社の協力を得、同社の旅客船「ビアンカ」船内において「琵琶湖を味わう湖上フォーラム　誕生！琵琶湖八珍」を開催しました。

本書は、この湖上フォーラムにおける、国立民族学博物館名誉教授石毛直道先生、国士舘大学21世紀アジア学部教授原田信男先生、当委員会大沼芳幸の講演録および、当委員会篠原徹の司会で行われた講演者によるパネルディスカッションの記録を中心に、「琵琶湖八珍」の理解を深めるため当委員会松田征也の解説を加え編集したものです。

本書が、琵琶湖の魚食の振興と、これにより琵琶湖の環境、歴史文化への喚起に繋がれば幸いです。

最後に、本書作成にあたり、ご協力、ご尽力を頂きました各位に篤く御礼申し上げます。

平成二十六年十二月

滋賀県ミュージアム活性化推進委員会

■写真撮影・図版提供・資料所蔵・出典一覧

頁数のみ記しているものは、その頁の全点。下記以外は大沼芳幸、松田征也の撮影による

滋賀県水産試験場・近江水産図譜　カバー図版及び P7、P31、P51、P73、P97

滋賀県立琵琶湖博物館　P8、P9上、P10、P11中、P13上、P14、P17中、P18、P19上・中、P22、P23上・中、P86

味の素食の文化センター・石毛直道食文化アーカイブス　P43、P45、P119

びわこビジターズビューロー　P64

安土城考古博物館　P74、P75

高島市教育委員会　P83、P93

草津市教育委員会　P85

滋賀県農政水産部農村振興課　P96

草津市蔵・中神コレクション　P111

講演者・執筆者紹介

石毛　直道（いしげ　なおみち）
1937年千葉県生まれ。京都大学文学部卒業、同大学院文学研究科考古学専攻修士課程中退。農学博士。

国立民族学博物館名誉教授・元館長。専攻は文化人類学、民族学。

主な著書に『文化麺類学ことはじめ』（フーディアム・コミュニケーション、1991年）のち講談社学術文庫『麺の文化史』に改題、『石毛直道自選著作集』〈全11巻＋別巻１〉（ドメス出版、2013年）

原田　信男（はらだ　のぶを）
1949年、栃木県生まれ。明治大学文学部卒業、同大学院文化研究科博士課程退学。史学博士。

札幌大学女子短期大学部を経て、現在国士舘大学21世紀アジア学部教授。専攻は日本文化論、日本生活文化史。

主な著書に『江戸の料理史』（中公新書、サントリー学芸賞）、『歴史のなかの米と肉』（平凡社、1993年）で小泉八雲賞、のち平凡社ライブラリー。

松田　征也（まつだ　まさなり）
1961年、滋賀県生まれ。近畿大学農学部水産学科卒業。滋賀県立琵琶湖文化館を経て現在滋賀県立琵琶湖博物館研究部生態系研究領域総括学芸員、事業部長。

主な著書に『滋賀県で大切にすべき野生生物－滋賀県レッドデータブック2010年版－』共著（サンライズ出版、2010年）、『日本産淡水貝類図鑑　①琵琶湖・淀川産の淡水貝類』共著（ピーシーズ、2009年）

大沼　芳幸（おおぬま　よしゆき）
1954年山形県生まれ。佛教大学大学院博士課程中退。滋賀県教育委員会文化財専門職。滋賀県安土城考古博物館副館長を経て、現在（公財）滋賀県文化財保護協会次長。

主な著書に『弥生のなりわいと琵琶湖』共著（サンライズ出版、2003年）

篠原　徹（しのはら　とおる）
1945年、中国長春市生まれ。京都大学理学部植物学科、同大学文学部史学科考古学専攻卒業。文学博士。

岡山理科大学、国立歴史民俗博物館教授・副館長を経て、現在滋賀県立琵琶湖博物館館長。専攻は民俗学、生態人類学。

著書に『自然と民俗　―心意のなかの動植物』（日本エディタースクール出版部、1990年）、『海と山の民俗自然誌』（吉川弘文館、1995年）、『自然を生きる技術―暮らしの民俗自然誌』（吉川弘文館、2005年）、『自然を詠む　―俳句と民俗自然誌』（飯塚書店、2010年）など。

おいしい琵琶湖八珍―文化としての湖魚食―

2015年2月15日　初版第1刷発行

編　者　滋賀県ミュージアム活性化推進委員会

発行者　岩根　順子

発行所　サンライズ出版株式会社
〒522-0004 滋賀県彦根市鳥居本町655-1
電話 0749-22-0627　FAX 0749-23-7720
印　刷　P-NET信州

ISBN 978-4-88325-556-6 C0077